Historischer Verein

Pfälzische Merkwürdigkeiten

Historischer Verein

Pfälzische Merkwürdigkeiten

ISBN/EAN: 9783743369597

Hergestellt in Europa, USA, Kanada, Australien, Japan

Cover: Foto ©ninafisch / pixelio.de

Manufactured and distributed by brebook publishing software (www.brebook.com)

Historischer Verein

Pfälzische Merkwürdigkeiten

Pfalzmünchen
Merkwürdigkeiten.

Mannheim.

Diese Stadt, welche am Zusammenflusse des Neckers und Rheins gelegen, ist im Jahre 1720 zur Residenz der Kurfürsten zu Pfalz geworden. Die Häuser darin sind meistens regelmäßig gebauet, die Gassen reinlich, breit und nach der Schnur gezogen, wodurch sie in 107 Quadrate getheilet ist. Man zählet über 1548 Häuser. Die Anzahl der Einwohner belauft sich nach der 1784 geschehenen Aufnahme auf 21858 Köpfe. Sie hat 3 schöne Thore, das Rheinis-Necker- und Heidelberger-Thor, welche mit Kriegs- und Siegeszeichen und andern in Stein gehauenen Bildern gezieret sind. Es sind darin 6 öffentliche Pläze, worunter die vornehmsten der Markt und der Paradeplaz; 6 Katholische 1 Lutherische und 2 Reformirte Kirchen, eine Synagoge, ein Kaufhaus, ein Rathaus und ein Zeughaus; eine Münze, eine Stückgießerei, ein Kurfürstliches Hospital, ein Lazaret für Soldaten, ein militarisches Waisenhaus, ein Katholisches Burger-Hospital, ein Lutherisches und ein Reformirtes Hospital, ein Zuchthaus und sechs Casernen. In der Stadt sind zum

Merkwürdigk. a ge-

gemeinen Gebrauch 51 Pompen und 12 Brunnen. Die Straße von dem Heidelberger= bis zu dem Rheinthore ist sehr angenehm mit Bäumen in der Mitte besezt, und der Paradeplaz, der an dieser Seite liegt, ebenfalls. Mitten auf dem schönen Marktplaz ist jezt diejenige große Gruppe aufgestellet, welche Kurfürst Karl Philipp im Jahre 1719 für den Schloßgarten zu Heidelberg verfertigen lassen, die aber von da 1763 in den Kurfürstlichen Garten zu Schwezingen gebracht, und 1767 von Sr. Kurfürstl. Durchlaucht der Stadt Mannheim geschenkt worden. Sie stellet den Merkur schwebend vor, wie er das Bild einer Stadt zwischen zwei Flüssen, den Rhein und Necker, niedersezet. Diese schöne Arbeit haben die geschickten Bildhauer van der Branden, Vatter und Sohn, verfertiget. Die vier Seiten des sehr schönen und hohen Fusgestelles sind alle mit Lateinischen Inschriften versehen. Die Stadt wird des Nachts durch Laternen, welche auf beiden Seiten gesezet sind, beleuchtet. Sie kann wohl für eine der zierlichsten Städte in Deutschland, und als eine der regulirtesten Festungen gehalten werden, da sie 13 Bastionen, und zwei Brückenschanzen, nach der Bauart des berühmten Coehorns, hat. Im Jahre 1736 wurde sie zu einer freien Handelsstadt erkläret. Die reichen Sammlungen von Merkwürdigkeiten, welche Se. jeztregierende Kurfürstl. Durchlaucht in Dero Pallast zusammen gebracht, nicht weniger die öffentlichen Anstalten, sowohl in dieser Stadt, als in der umliegenden Gegend, sind ein angenehmer Gegenstand des Augenmerkes aller Liebhaber, und der Betrachtung der Reisenden, Gelehrten und Künstler vollkommen würdig.

Kur=

Kurfürstliches Schloß. Daßelbe ist eines der weitläuftigsten Palläste in Europa. Der Kurfürst Karl Phillpp hat im Jahre 1720 den ersten Grundstein dazu geleget. Es lieget an einem der äußersten Enden der Stadt, wo man auf einer Seite fast alle Gassen, und auf der andern den Rhein übersehen kann, wie auch das Feld, und die benachbarten Gegenden. Hinterwärts ist es mit einigen kleinen Parterren, und an den Festungswerken angebrachten angenehmen Buschwerken gezieret, worin jedermann spazieren zu gehen erlaubet ist. Es bestehet aus einem Corps de Logis, in dessen Mitte ein ziemlich erhöheter Pavillon ist, und aus zwei Nebenflügeln, welche an die zwei andere Pavillons stossen, von wo aus noch zwei lange mit dem Corps de Logis in einer Parallel-Linie stehende Flügel gehen. Den rechten Flügel haben Se. Durchlaucht der Kurfürst Karl Theodor gebauet, und ihn den Wissenschaften und Künsten gewidmet. Es sind darin die Archive, Bibliothek, das Antiquitäten-Kabinet, der Schaz, die Gemälde, Kupferstiche und Zeichnungen, wie auch das Kabinet von den Naturseltenheiten, die Reitschule, der Stall und das Kutschenhaus. In dem gegenseitigen Flügel ist die Kurfürstliche Kapelle, der Opernsaal und das Kabinet der Naturlehre, wie auch das Ballhaus. Auf eben dieser Seite und in dem grossen Gange des Nebenflügels siehet man eine sehenswürdige Reihe aller Bildnisse des Kurfürstl. Hauses in Lebensgröße. Der Schloßverwalter ist Herr Zeller.

Schloßkapelle. Die Schloßkapelle ist in dem linken Flügel. In derselben sind verschiedene Stücke sehr merkwürdig. Unter der Men-

ge von Reliquien, die daselbst verwahret werden, und in Gold und Silber eingefaßt, auch reich mit Edelgesteinen besezt sind, siehet man ganze Körper von Heiligen, einen ganzen Arm vom h. Sebastian, einen vom h. Bartholomäus, die Hirnschale des h. Stanislaus, einen grosen Theil eines unschuldigen Kindes, eine Reliquie von der h. Thecla, vom h. Andreas, von der h. Barbara, und vom h. Nikolaus. Ein groser Partikul von dem h. Kreuz. Erde von dem heil. Grabe Christi. Die Fassung ist sehr reich mit Edelsteinen besezet. Eine Monstranz von purem Rheingolde, mit 473 Brillianten besezt. Ein Kelch ganz von Rheingolde. Ein Speiskelch (ciborium) von morgenländischem Agate, mit Rheingolde eingefaßt, und mit einem Aufsaze von gleichem Golde gezieret. Ein ganz goldenes Kruzifix, mit 2 maßiv goldenen Standbildern auf den Seiten. Ein ganz goldenes Kreuz mit dem sterbenden Heilande, dessen Körper aus einer einzigen, nach der Gestalt eines Menschenkörpers von Natur länglich gebogenen Perle besteht: eine der sehenswürdigsten Seltenheiten. Zwei aus vollem Golde durchaus bestehende Standbilder des h. Sigismund, und der heil. Konstanzia, deren Kronen und Zepter mit einer Menge Diamanten, Rubinen, grosen und kleinen Perlen, glänzen. Ein in Gestalt einer Monstranz prächtig gearbeitetes Gefäß von maßivem Rheingolde, worin ein abgebrochener Dorn von der Krone Christi enthalten ist. Ein, in einem prächtigen Gefäße, mit einer Menge Rosetten, Rubinen, Smaragden und einem eingeschnittenen Kursaphire kostbar eingefaßter orientalischer Onyx, der wegen seiner ausserordentlichen Gröse, und künstlich eingegrabener Bildniß des Welterlösers von

allen

allen Kennern bewundert wird. Ein mit Diamanten, Rubinen, Rosetten, Smaragden reich besezstes Gefäß, worin sich Reliquien vom heil. Hubertus befinden. Hieran zeichnet sich vorzüglich ein zierlich angebrachter h. Geist aus, dessen Leib aus einem Diamanten bestehet, und die Flügel und Stralen durchaus mit Diamanten besezt sind. Zwei ganz goldene, mit Smaragden von sonderbarer Größe, und einer Menge anderer Edelsteine besezte Gefäße, worin Reliquien von dem h. Andreas, und der h. Barbara aufbewahret werden. Eine von purem Golde herrlich gearbeitete Vorstellung des Namens Jesus, dessen Reichthum und Pracht sich durch eine Menge Diamanten, Rubinen, Rosetten und Perlen von sonderbarer Größe auszeichnen. Zwei aus massivem Silber verfertigte, und mit vielen Edelsteinen kostbar geschmückte Standbilder des heil. Agazius, und Philippus Nerius, an deren einem ein Kreuz von purem Golde, und mit 7 Rubinen von ausserordentlicher Größe angebracht ist. Die daselbst verwahrte Kirchenkleidungen sind sehr kostbar. Das Bild über dem Altar ist vortrefflich, und von Gedreau. Der Altar des h. Huberts ist massiv von Silber. Auch siehet man daselbst noch 3 Stüke von Griechischen Malereien. Der Plafond ist von dem berühmten Asam gemalt. Der Schazmeister der Kapelle ist der erste Hofkaplan und Kurfürstl. geistliche Rath, Herr Hemmer.

Hofkirche. Ist an dem linken Flügel des Kurfürstl. Schlosses angebauet, von Kurfürst Karl Philipp den 2. März 1733 angefangen, von Sr. jezt regierenden Kurfürstl. Durchlaucht aber den 7. Nov. 1756 vollendet, und von Joseph,

seph, Bischoff von Augsburg, gebornen Landgrafen zu Hessen, den 18. Mai 1760 eingeweihet worden. Die Länge beträgt über 250 Schuh, die Breite 100, das Langhaus allein ist 200 Schuh lang, 107 breit, 108 hoch. Die Bauart ist vermischt nach dem feinsten Italiänischen Geschmack, die Altäre, Weihwasserkessel und Statuen sind von Herrn von Verschaffelt. Die Gemälde der Altäre von Herrn Krahe.

Opernsaal. Die erste Opera wurde darin den 17. Jän. 1742 bei den zu gleicher Zeit vollzogenen Vermählungen Ihro Kurfürstl. Durchl. Durchl. Karl Theodor mit Elisabeth Auguste und des verstorbenen Herzog Clemens von Baiern mit der Pfalzgräfin Maria Anna von Sulzbach, aufgeführet. Der weite Umfang desselben, die dabei angebrachte Baukunst, und die reichen Auszierungen machen ihn sehenswürdig.

Wissenschaften.

Akademie der Wissenschaften. Ist den 15. Oct. 1763 gestiftet, und den 20. darauf eingeweihet worden. Sie bestehet 1) aus einem Präsidenten, Ehrenpräsidenten, Director, beständigen Secretair, und 12 ordentlichen Mitgliedern, die alle entweder zu Mannheim, oder zu Heidelberg wohnen. 2) Aus einer unbestimmten Anzahl Ehrenmitglieder, und dann aus 40 außerordentlichen oder auswärtigen Mitgliedern. Die ordentlichen versammeln sich wöchentlich einmal in dem dazu bestimmten Zimmer des Kurfürstl. Büchersaals, und zweimal im Jahre öffentlich, wozu die übrigen anwesende Mitglieder pflegen eingeladen zu werden.

Die

Die erste offentliche Versammlung wird nach Ostern gehalten, und in der zweiten, gegen die Mitte des Octobers, ein Preis von 50 Dukaten wechselsweis einer historischen oder physikalischen Frage zuerkannt. Beständiger Secretair ist Herr Hofrath Lamey.

Im Herbstmonate 1779 gefiel es Sr. Kurf. Durchl. diese gelehrte Gesellschaft mit einer neuen Klasse für die Witterungslehre zu erweitern, und als besondern Geschäftsverweser derselben Dero geistlichen Rath und Hofkaplan, Herrn Hemmer, gnädigst zu ernennen.

Deutsche gelehrte Gesellschaft. Sie wurde den 13. Weinmonat 1775 von Sr. Kurfürstl. Durchlaucht gestiftet; bestehet aus 30 ordentlichen Mitgliedern, und hat die Aufnahme der Muttersprache als ihr Hauptgeschäft zu besorgen. Das ihrem Fleiße anbefohlene Feld schließet kein Fach der Gelehrsamkeit aus, weil jeder Gegenstand, von welcher Art er immer sei, gleichsam ein Stoff ist, zu dessen Bearbeitung eine wohlgebildete Sprache taugen muß. Zu Anfang des Windmonats fängt sie ihr Jahr an, und mit dem Heumonate ihre Ruhetage, die 4 Monate lang währen. Wöchentlich hält sie in einem dazu bestimmten Saale des Kurfürstl. Schlosses eine besondere, und jährlich eine öffentliche Sitzung. Die Aufnahme neuer, sowohl ordentlicher als auswärtiger Glieder, geschieht durch eine freie Wahl, deren Bestätigung ihrem Durchlauchtigsten Stifter vorbehalten ist. Sie hat, nebst ihren ordentlichen Gliedern, einen Obervorsteher (Präsidenten), einen Vorsteher (Director), und einen beständigen Geschäftsverweser.

Bibliothek. Sie ist über dem Archive, und bestehet 1) aus einem prächtigen Saale, der 100 Schuh lang, 48 breit und 36 hoch ist. 2) Aus einem eben so langen Corridor, und 3) etlichen an gedachten grosen Saal stosenden Zimmern.

Bei dem Eingange in den grosen Saal stehet zur Rechten das Brustbild des erhabenen Stifters, und zur Linken das von der Durchlauchtigsten Kurfürstin; beide von weissem Marmor und von Herrn von Verschaffelt verfertiget.

Ein Gemälde an dem Plafond von Herrn Krahe stellet die Tugenden, die Wissenschaften und Künste vor, wie sie durch die Zeit die Wahrheit entdecken. Die Göttin derselben, Minerva, ganz nahe bei dem Throne der Wahrheit, zeiget den Weg, dahin zu gelangen, nämlich durch die Uebung gedachter Tugenden und Wissenschaften. Unter ihren Füßen siehet man die Laster der Unwissenheit, wie sie in den Abgrund gestürzet werden.

In der Mitte des Saales erblicket man zwischen den Erd= und Himmelskugeln ein sehr künstliches, in Engelland verfertigtes Systema Copernicanum.

Der Büchersaal selbst hat in die Höhe 3 Abtheilungen. Zu den zwei obern kommt man durch verdeckte steinerne Stiegen und eiserne Balustraden, welche äußerlich an den Büchern herum gehen, und stark vergoldet sind.

In dem untern Stocke befinden sich die historischen, in dem mittlern die schönen und philosophischen Wissenschaften, in dem obern die Gottesgelahrtheit, und in einem besondern Corridor hinter dem grosen Büchersaal die Rechtsgelehrten.

Die Anzahl der Bände beläuft sich wirklich
über

über 70000, die meistens in Zeit von 25 Jahren gesammelt worden. Aus besonderer Kurfürstl. Gnade stehet dieser reiche Schaz wöchentlich dreimal, Dienstags, Mitwochs und Freitags, außer gewissen Ferien, Vor= und Nachmittags für jedermanns Gebrauch offen. Die Vorsteher derselben sind Herr Prälat Maillot de la Treille, Commandeur des Maltheser=Ordens zu München, und Sr. Kurfürstl. Durchlaucht würklicher geheimer Rath, Herr Hofrath Lamey und Herr geistlicher Rath Spielberger.

Antiquitäten=Kabinet. Hat mit der Akademie der Wissenschaften seinen Anfang genommen, und findet sich bei dem Eingange in den Marstall linker Hand. Es bestehet dermalen 1) aus mehr dann 70 Römischen Inschriften und Figuren in Stein gehauen, welche theils in den Kurpfälzischen Landen gesammelt, theils aus der Nachbarschaft dahin gebracht worden sind.

2) Aus Hetrurischen Urnen von Alabaster, dergleichen außer den Toskanischen Landen nicht leicht gefunden werden; wie auch aus andern Hetrurischen Gefäßen.

3) Aus kleinen Statuen der Egyptischen, Griechischen und Römischen Gözen von Marmor, Kupfer und andern Metalle.

4) Aus Statuen oder Brustbildern verschiedener Römischer Kaiser und anderer in der Geschichte berühmter Männer.

5) Aus allerhand, theils heiligen, theils andern Gefäßen, Urnen von verschiedener Art, Lampen, Gläsern, Bechern, Schüsseln ꝛc.

6) Aus Kriegs=und Haushaltungs=Geräthschaften, Spieß, Dolchen, Messern, Scheren, Haarnadeln ꝛc.

7) Aus

7) Aus Stücken von mosaischer Arbeit und allerhand gebackenen Steinen, die mit gewissen Schriften versehen sind. Die Aufsicht darüber hat Herr Hofrath Lamey.

Das Kabinet der Naturlehre. Dieses befindet sich im linken Flügel des Schlosses nahe bei dem Opernsaale. Es ist von Sr. jezt regierenden Kurfürstl. Durchlaucht gestiftet, und im Jahre 1776 zu Stande gekommen. Man findet in demselben Rüstzeuge über alle Theile der Erfahrungsnaturlehre. Ihre Anzahl wird noch immer vermehret. Zu den Versuchen über die Bewegung, die Luft, das Licht und die Agtsteinkraft, (Elektricität) ist die Sammlung vorzüglich beträchtlich. Zwei grose Tschirnhausische, doppelt erhabene Brenngläser zeichnen sich darunter aus. Sie haben 3 Französische Schuhe im Durchmesser, und ihre Brennweite ist 10 Schuhe. Ein durch ihren Brennpunkt schnell durchgezogenes Stück Holz steht in Flammen; eine Flasche Wasser, mit der man durchfährt, kochet im Augenblicke; der dichteste Stein, den man hinein hält, fängt augenblicklich an zu fliesen, wie Wachs am Feuer u. s. w. Die kleinern Rüstzeuge werden alle in Glasschränken verwahret; die übrigen sind durch den Saal der Ordnung nach ausgetheilet. Bei dem Eingange in dasselbe ist das im Jahre 1779 angelegte Kurfürstl. Wetterkabinet, welches mit allen zu Beobachtung des Wetters gehörigen Werk- und Rüstzeugen versehen ist. Unter diesen ist der Luftelektricitätsmesser, womit der Bliz aufgefangen wird, und ein schreibender Schweremesser (Barometrographe), der der seinen Stand alle 4 Minuten selbst aufzeichnet, sonderlich merkwürdig. Der Vorsteher ist der Herr geistliche Rath Hemmer.

Das Kabinet der natürlichen Seltenheiten. Um dieses Kabinet zu sehen, gehet man linker Hand beim Eingange in den Marstall, wo es an das Antiquitäten-Kabinet anstoßet. Auch von diesem sind Se. jezt regierende Kurfürstl. Durchl. der Stifter, indem Sie aus verschiedenen Theilen Europens alles, was die Natur hervor bringt, haben sammeln lassen. Man hat es 1765 in Ordnung gebracht. Es nimmt 4 Zimmer ein. Es befindet sich darin eine ziemlich vollständige Reihe aus dem Mineralreiche, eine weitläuftige Sammlung versteinerter Sachen, wie auch von schönen Muscheln, Seegewächsen von allen Gattungen, vielen Thieren, eine Sammlung von Vögeln, ein Kräuterbuch, und einige Seltenheiten aus dem Pflanzenreiche. Der Director ist Herr Collini, geheimer Secretarius und Mitglied der Akademie der Wissenschaften.

Botanischer Garten. Der Garten liegt an der Heidelberger Landstraße und besteht aus Gebäuden, und dem Garten selbst. Erstere sind nach einem neuen Plane erbaut, und ihre Richtung gegen Morgen und Mittag. Die ganze Länge des Hauses ist 210 Schuh. In der Mitte sind die Treibhäuser; auf beiden Seiten die kalten Häuser. Der leere Plaz hinter den Treibhäusern ist zur Wohnung der Gärtner eingerichtet. Die Treib- und kalten Häuser sind mit aufrecht stehenden Fenstern gemacht, die in der Höhe 21 Schuh haben. Bei den Treibhäusern ist der Winkel von innen angebracht, wodurch sie das beste Licht erhalten. Der Garten selbst bestehet aus dem Hauptgarten und etlichen kleinen Anlagen. Der Hauptgarten hat eine Vertiefung und eine Erhöhung. In den Ländern

der Vertiefung stehen die Pflanzen ohne weitere Ordnung, je nachdem es die Natur der Pflanze selbst erfordert. Die Erhöhung ist Bäumen und Stauden bestimmt, die aus einem wärmern Himmelsstriche an den Pfälzischen anzugewöhnen versucht werden. Zu den kleinen Anlagen gehöret vorzüglich ein Gehölz, meistens Amerikanischer Bäume, die an die freie Luft gewöhnet sind. Viele dieser Bäume und Sträucher sind auch aus wärmern Weltgegenden, die aber gleichwohl das hiesige Clima ausdauern.

Der Director ist Herr Regierungsrath Medikus, von dessen Erfindung auch die Häuser sind.

Sternwarte. Die Kurfürstl. neue Sternwarte ist nicht weniger, als all das übrige, ein unsterbliches Denkmal unsers großen Karl Theodors, Höchstwelcher anfangs Julii 1772 derselben Errichtung, Art und Gestalt dem Hofastronome und geistl. Rath, Herrn Christian Mayer, unter der Aufsicht Sr. Excellenz Tit. Herrn Staatsministers, Freiherrn von Beckers, überlassen hat. Sie stehet an einem stillen und von dem Straßenpflaster weit entfernten Orte, und hat wegen der vortheilhaften Lage besondere Vorzüge. Der erste Stein wurde in die 20 Schuh tiefe Grundlage mit vieler Feierlichkeit gelegt. Das Gebäud selbst stellt ein irreguläres, sehr zierliches Achteck vor, und bestehet erstens aus einem gewölbten Eingange, darüber sich ein zur Wohnung bequemes Entresol (5 Schuh hoch) vom Boden befindet. Achtzehen Schuh höher ist das erste große Observatorium mit 3 großen gegen West, Süd und Norden angebrachten Altanen. Dieser Ort ist 32 Schuh hoch, hat 8 große Oeffnungen, wovon drei 18 Schuh hoch, und zur Aufrichtung

zweier

zweier Mauerquadranten und anderer astronomischer Instrumente eingerichtet sind. Von diesem gehet man durch eine sehr bequeme und künstliche steinerne Treppe in das zweite Entresol, und 18 Schuh höher steiget man zu dem zweiten für astronomische Beobachtungen bestimmten Plaz. Den Schluß von diesem Baue macht eine geräumige, mit großen Platten belegte Ebene. In der Mitte dieser Ebene sieht man das lezte aufgemauerte Observatorium von 10 Schuh im Durchschnitte, und 15 Schuh Höhe. Die im Mittelpunkte aufgerichtete steinerne Säule, und die darüber befindliche Kuppel von Kupfer, so sich künstlich ringsum bewegen läßt, dienet für einen beweglichen Quadranten. Der ganze Bau von der Plattform bis zum Boden ist 108 Schuh hoch, und durch fünf steinerne Gewölber abgetheilet; hat außer dem Boden eine 8 Schuh dicke Mauer, und ist orientirt. Unter sehr vielen kostbaren astronomischen Werkzeugen ist besonders der Englische Birdische Mauerquadrant von 8 Schuhen im halben Durchmesser merkwürdig. Ferner zwei kleinere Quadranten von zwei und ein halben, wie auch ein und ein halben Schuh. Zwei große Dolondische Sehröhre von 8 und 10 Schuh in der Länge. Ein vortrefflicher Sonnenmesser oder Micrometer objectiv. Ein Englischer Sector von 10 Schuh hoch, im Jahre 1778 von dem berühmten Künstler Sisson in London verfertiget. Zwei Englische Pendul-Uhren mit Witterungs-Verbesserung; davon eine von Arnold verfertiget ist. Ein Durchgangsmesser, oder sogenanntes Instrument des Passages. Die Obsorge und Direction ist dermalen Herrn Rath Fischer als Hofastronom anvertrauet.

Schöne Künste.

Sammlung von Gemälden. Die Kurfürstliche Bildergallerie, welche täglich mehr und mehr in ihrem Glanze und Ansehen heran wächst, ist von Sr. Kurfürstl. Durchl. allein gestiftet worden. Hier folgt das Verzeichniß der Gemälde:

Erstes Zimmer.

1 J. Rottenhamer. Eine schlafende Königin.
2 Everdingen. Eine Landschaft.
3 A. Bronzini. Judith mit dem Haupte Holof.
4 Domin. Zanetti. Kain und Abel.
5 T. Zuccari. Heil. Johannis in der Wüste.
6 Domin. Zannetti. Die schmerzhafte Mutter.
7 Joh. Fyt. Ein Jagdstück.
8 Joachim Beich. Ein Gebirg.
9 Johann Hucklenburg. Eine Belagerung.
10 Johann Hucklenburg. Eine Schlacht.
11 Daniel Saiter. Heil. Erasmus
12 T. Zuccari. Christus vor dem Volk.
13 Benedetto Lutti. Die heil. Anna.
14 Jan Fyt. Ein Früchtenstück.
15 Dorothea Terbusch. Eine Venus.
16 Peter Tyssens. Ein Gewarnischter zu Pferd.
17 Gerhard von Eckhout. Ein Türk.
18 Lambert Backhuissen. Ein Seestück.
19 F. Malthese. Musikalische Instrumenten.
20 F. Malthese. Eine Sphaera.
21 Abraham Diepenbeck. Ein Herzog.
22 Joseph Vernet. Ein Seesturm.
23 Geldorp. Frauenportrait.
24 Corn. van Harlem. Susanna im Bade.
25 Franz Snyers. Eine Bärenhaz.
26 Peter Candit. Ein Nachts-Carnaval.
27 Joseph Vernet. Ein stilles Seestück.

28 Ge=

28 Geldorp. Ein Mannsportrait.
29 Dom. Zanuetti. Heiliger Johannes.
30 Dom. Zannetti. Zwei Römische Ringer.
31 Jakob Bourguignon. Eine Schlacht.
32 Catharina Treu. Ein Früchtenstück.
33 Anton Watteau. Ein Parthietanz.
34 P. Battoni. Se. jezt regierende Kurfürstl. Durchlaucht Karl Theodor.
35 Dom. Zannetti. Zwei Römische Ringer.
36 Jakob Bourguignon. Eine Schlacht.
37 Catharina Treu. Ein Früchtenstück.

Zweites Zimmer.

38 Leone. Ein Viehstück.
39 Cavalier Strudel. Der Kindermord.
40 Salvator Rosa. Eine öde Aussicht.
41 Jakob Bourguignon. Ein hiziges Treffen.
42 Dom. Dominichino. Die h. Elisabeth.
43 Jakob Bourguignon. Ein hiziges Treffen.
44 Salvat. Rosa. Eine wilde felsigte Gegend.
45 Nikol. Poußin. Das Abendmahl.
46 Joseph Fratrel. Die Cornelia.
47 Gerard Duffet. Ein Mannsportrait.
48 Cavalier Strudel. Heiliger Laurentius.
49 Breughel u. v. Baalen. Den Winter vorstell.
50 J. Griffer. Eine Aussicht des Rheins.
51 Eglon van der Neer. Eine öde Landschaft.
52 David Vinckenbooms. Eine Kirchweih.
53 Breughel und van Baalen. Den Sommer vorstellend.
54 Abraham Bloemart. Plato und Diogenes.
55 A. Teniers. Landschaft von alten Mauern.
56 Franz Molla. Heiliger Hieronymus.
57 Anton Belluci. Eine heilige Familie.
58 Nikol. Maas. Ein Frauenportrait.
59 Joh. Wenix. Ein Pfau und Geflügel.
60 Tapre und Marati. Ein Blumenstück.

61 Ger-

61 Gerhard Honthorst. Petrus im Gefängniß, wie ihn der Engel heißet fortgehen.
62 Lukas Cambiasi. Eine heilige Familie.
63 Nikol. Maas. Ein Mannsportrait.
64 Johann Wenir. Ein toder Haas.
65 Adrian van der Capille. Ein Seestück.
66 Arnold Gelder. Eine Judenbraut.
67 M. A. da Caravaggio. Ein h. Sebastian.
68 Cavalier Strudel. Diana im Bade.
69 Breughel u. v. Baalen. Den Herbst vorstell.
70 Eglon van der Neer. Eine Landschaft.
71 Eglon van der Neer Eine Landschaft.
72 Vinckenbooms. Die Kreuztragung Christi.
73 Breughel u. van Baalen. Die Flora vorstell.
74 Isaak Ostade. Eine Bauerngesellschaft.
75 Lambert Krahe. Eine heilige Familie.
76 Franz Hals. Ein Lautenschläger.
77 Peter Brandel. Der Leander.
78 Lukas van Uden. Eine Landschaft.
79 Gerard van Pathem. Eine Landschaft.
80 Joh. van Mopell. Eine lichte Landschaft.
81 Leone. Ein Viehstück.
82 Johann Spielberg. Ein Falkonier.
83 Giov. Morandi. Christus bei der Samarit.
84 Peter Snyers. Ein Bataillestück.
85 Franz Millet. Eine Landschaft.
86 Franz Solimena. Die Artimisia.
87 Heinr. Schönfeld. Die Diana im Tempel.
88 Unbekannt. Ein Apostel.

Drittes Zimmer.

89 Joh. Fyt. Ein Falk und Reiher.
90 Lod. Cigoli. Ein kreuztragender Christus.
91 Bourguignon Eine Schlacht.
92 Bened. Castiglione. Ein Jagdstück.
93 Jakob Jordans. Bachus mit Satyre.
94 Cornel. Schütt. Eine schlafende Venus.
95 Guis

95 Gulsep. Ribera Spagnioletto. Ein Portrait.
96 Ant. van Dyck. Ein h. Sebastian.
97 Ant Pellegrini. Die Monima trinkt Gift.
98 F. Snyers. Ein Hund an einem Ochsenkopf.
99 Joh. Paul Pannini. Diogenes im Faß.
100 Joh. van Nicklen. Eine Landschaft.
101 Franz Snyers. Ein Rehe.
102 Kötsiers. Adam und Eva.
103 Paul von Mathels. Der sterbende Cato.
104 Joach. van Sandrart. Ein Frauenportrait.
105 H. Steenwick. Eine alte Gothische Kirche.
106 Anton Schonians. Die Vestalen.
107 Heinr. Roos. Ein Viehstück.
108 Jakob Backer. Ein Mannsportrait.
109 Dom Zannetti. Die Grablegung Christi.
110 Gilles Hondekötter. Wälsche Hahnen.
111 Joh. van Nicklen. Eine Landschaft.
112 G. P. Pannini. Eine Gegend von Gebirg.
113 Joh. Fyt. Zwei sich beißende Hunde
114 Ger. Duffet. Christus mit den Aposteln.
115 Lukas Giordano. Ein Philosoph.
116 Joh. van Douven. Portrait Kaiser Karls.
117 Ger. Lairesse. Christus am Brunnen.
118 Salv. Rosa. Bauern tragen einen Baum.
119 Pierin del Vagha. Der Berg Parnassus.
120 Lukas Giordano. Der Seneka.
121 Joseph Tassone. Ein Hirt
122 Lukas Giordano. Ein alter Nackender.
123 Joh. Fyt. Ein Schwan.
124 Joh. Fyt. Zwei Falken, ein Reiher.
125 Joh. Bapt. Gaulli. Heiliger Bruno.
126 Titiano. Eine heilige Familie.
127 Caval. Mazino. Eine büssende Magdalena.

Viertes Zimmer.

128 J. B. Paggi. Moses schlägt auf den Fels.
129 B. Schidone. Portrait eines Gelehrten.
130 Jo-

130 Joseph Spagnioletto. Heiliger Petrus.
131 Flemel. Alexand. bei dem Grabmahl Cyrl.
132 Alb. Knyp   Ein Viehstück mit Hirten.
133 Lukas Giordano. Heiliger Andreas.
134 B. Schidone. Portrait eines Gelehrten.
135 Giorgione. Das Haupt des h. Johannes.
136 van Royen. Ein Früchtenstück.
137 Pet. Boel. Ein Blumenstück.
138 Lovigi Garzi. Tobias wird sehend.
139 Andreas Vaccaro. Die Geislung Christi.
140 Karl Dolce. Die h. Agnes.
141 Jakob Jordans. Portrait eines Alten.
142 Franz Frank   Ein hiziges Treffen.
143 Quil. Brecklenkamp. Eine Magd.
144 J. B. Weenix. Ein altes Röm. Gebäud.
145 Palameder. Ein Gesicht.
146 Leonelo Spada. Ein Gebäud.
147 G. Reni. Christus mit Engeln umgeben.
148 Joh. v. d. Vahn. Portrait eines Mannes.
149 Jordans. Soldaten vor einem Wirtshaus.
149.1/2 C. Vasinelli. Die h. Margaretha.
150 Joh. Heinr. Roos. Ein Viehstück.
151 Georg Flegel. Ein Schunken.
152 P. Boel. Geflügeltes und ein Windhund.
153 Ant. Palestra. Das Opfer Abrahams.
154 Nathalis Jouvenet. Pater Bourdalou.
155 Diego Velasquez. Portrait Masanielli.
156 G. Bassano. Die Kreuztragung Christi.
157 Klauber und Latresse. Eine Landschaft.
158 Rachel Ruysch. Ein Früchtenstück.
159 Guiseppe Ribera. Der sterbende Seneka.
160 Nat. Jouvenet. Portrait eines Gelehrten.
161 D. Velasquez. Portrait eines Spaniers.
162 G. Bassano. Eine Grablegung Christi.
163 Nikol. Berghem. Ein Mondschein.
164 Valentini. Moses mit den Israeliten.
165 Nikol. Poußin. Eine Landschaft.

166 J. Beich. Die Geschichte Araus u. der Joh.
167 Ant. Schonians. Der keusche Joseph.
168 Dom. Zannetti. Der h. Johann.
169 Joach. Beich. Eine Landschaft mit Wasser.
170 Dominichino. Die Geschichte Jephte.

Fünftes Zimmer:

171 Adrian van der Neer. Der Mondschein.
172 G. Schalcken. Eine büssende Magdalena.
173 Ant. Schonians. Eine alte Frau.
174 Gilles Hondekötter. Ein Hahn.
175 Scarsellino von Ferrara. Die Samaritan.
176 P. P. Rubens. Das Portrait Rubens.
177 Simon Blieger. Eine Landschaft.
178 Rubens. Das Portrait der Mutter Rubens.
179 J. B. Troost. Der sterbende Cato.
180 Alex. Kierings. Eine Landschaft.
181 G. Cagnaci. Die sterbende Cleopatra.
182 Schonians. Eine Alte mit einer Pelzkappe.
183 Gilles Hondekötter. Ein Huhn.
184 Ferdin. Bohl. Abraham und Isaak.
185 Ferri. Mutter Gottes mit dem Kind Jesu.
186 Karl Cignani. Eine büssende Magdalena.
187 Joh. van Kessel. Afrika vorstellend.
188 Joh. van Kessel. Asia vorstellend.
189 J. L. Bernini. Endimion und Diana.
190 Gem. Barb. da Cento. Die keusche Susana.
191 J. v Hemesen. Der kreuztragende Christus.
192 P. Rembrand. Portrait eines Frauenzim.
193 Peter von Laer. Eine Landschaft
194 Simon Verelst. Ein Blumenstück.
195 A. Franceschini. Venus in einem Garten.
196 Raphael Urbino. Die Mutter Gottes.
197 Karl Loth. Eine büssende Magdalena.
198 Pordenone. Eine Grablegung Christi.
199 Paul Rembrand. Portrait eines Mannes.
200 Johann van Goyer. Eine Landschaft.

201 Conr. Roepel.   Ein Blumenstück.
202 Joh. van Kessel.   Amerika vorstellend.
203 Jakob Amiconi.   Venus und Adonis.
204 Barbieri da Cento.   Jupiter und Merkur.
205 Paul Rembrand.   Eine heilige Familie.
206 Joseph Ribera.   Der h. Petrus.
207 Guido Reni   Eine büssende Magdalena.
208 Joh. van Kessel.   Europa vorstellend.
209 Elisab. Syrani.   Ein Cupido.
210 Diego Velasquez.   Ein junger Knabe.
211 Giov. Lanfranchi.   Ein alter Philosoph.
212 P. P. Rubens.   Rubens und seine Frau.
213 Lukas Giordano.   Heiliger Andreas.
214 Matheis und Maratti.   Eine Landschaft.

Sechstes Zimmer.

215 Kaspar Peusin.   Eine schöne Landschaft.
216 Jak. Palma.   Eine Grablegung Christi.
217 D. Segers und Schütt.   Ein Blumenstück.
218 Franz Solimena.   Eine Geburt Christi.
219 Abraham Willart.   Ein Astrologus.
220 Ant. van Dyck.   Ein h. Sebastian.
221 Kaspar Peusin.   Eine schöne Landschaft.
222 Jak. Tintoretto.   Eine Geburt Christi.
223 Paul von Matheis.   Ein Herkules.
224 Andreas Pozzi.   Eine Geburt Christi.
225 Barth. Schidone.   Ein Ecce Homo.
226 Franz Floris.   Eine heilige Familie.
227 Alb. Beyeren.   Ein Früchtenstück.
228 Both und Wouwermann.   Eine Landschaft mit Spitzbuben.
229 Vinckenbooms.   Eine Gegend von Antwerp.
230 Franz Tranck.   Ein Bildersaal.
231 Lukas van Leyden.   Die Geburt Christi.
232 Peter Testa.   Heiliger Hieronymus.
233 Gerardini.   Die Königin von Saba.
234 Spagnoleto.   Heil. Bruno in Betrachtung.

235 Rubens. Das Haupt der Medusa.
236 Kaspar Netscher. Ein Schäfer im Garten.
237 Rubens. Der geduldige Job.
238 Joh. v. Acken. Der Triumph der Künste.
239 K. Netscher. Ein singendes Frauenzimmer.
240 Joh. Rottenhamer. Ein leztes Gericht.
241 Joh. Rottenhamer. Eine Mutter Gottes, und h. Franziskus.
242 Joh. Vitenvall. Eine Göttermahlzeit.
243 Eglon van der Neer. Eine Landschaft.
244 Gerard Lairesse. Die Königin von Saba.
245 Ferdinand Kobel. Eine Landschaft.
246 Heinrich Roos. Braune Ochsen.
247 Peter von Avont. Eine Mutter Gottes
248 Anton van der Does. Ein alter Mann.
249 Joh. Lanfranchi. Christus am Oelberg.
250 Joh. Rottenhamer. Die Diana im Bade.
251 Adrian Ostade. Eine Bauerngesellschaft.
252 Franz Parmegiano. Eine Mutter Gottes.
253 Joh. Breughel. Eine Landschaft.
254 David Teniers. Zwei Vögelfanger.
255 Adrian van der Werff. Eine h. Magdalena.
256 Rubens. Der Sabiner Raub.
257 Gerard Douw. Eine alte Gemüsfrau.
258 David Teniers. Der verlorne Sohn.
259 Franz Albani. Die Geburt Christi.
260 Alex. Veronese. Die Mutter Gottes.
261 Joh. Breughel. Ein Landschäftlein.
262 David Teniers. Eine Frau und Mägdchen.
263 Adrian v. d. Werff. Venus und Caliste.
264 Joh. Rottenhamer. Das Urtheil Paris.
265 Adrian Ostade. Eine Bauernschlägerei.
266 Ferdinand Kobel. Ein Sonnenaufgang.
267 Johann Hackert. Ein Gefecht.
268 Reco di Parma. Die Geburt Christi.
269 F. Cignani. Die Mutter Gottes und Jesu.
270 Joseph Crespi. Eine Wäscherin.

271 Breughel und van Baalen. Ein Bachusfest.
272 Abraham Mignon. Schlangen, Frösche ꝛc.
273 Joh. van Aken. Die Grablegung Christi.
274 Anton van Dyck. Ein toter Christus.
275 Gerardini. Die Tochter Pharao und der junge Moses.
276 Simon Verelst. Zwei hangende Tauben.
277 Rennig. Langian. Ein h. Sebastian.
278 Christoph Schwarz. Der Auszug aus Troja.
279 Eglon van der Neer. Eine in Ohnmacht liegende Frau.
280 Joh. Rottenhamer. Die Geburt Christi.
281 Cornel. Pölenburg. Die Geburt Christi.
282 Adrian v. d. Velden. Ein Schiff mit Volk.
283 Breughel und van Baalen. Eine Diana.
284 Corn. Pölenburg. 4 Prinzen, 3 Prinzess.
285 Mich. Ang. Cerquozzi. Ein Jagdstück.
286 Castiglione. Dav. mit dem Haupt Goliaths.
287 H. Golzius. Portrait eines Kriegshelden.
288 J. B. Hondekötter. Eine weisse Henne.
289 Both und Weenix. Juno und Argus.
290 Thomas Wyck. Ein Marktplaz.
291 Ricci. Die Versuchung des h. Antons.
292 Guiseppe del Sole. Der englische Gruß.
293 Justus van Egmond. Portrait einer Frau.
294 Joh. Hulzmann. Die Eitelkeit.
295 Bart. Manfredi. Die Krönung Christi.
296 Adrian Brauwer. Ein Arzt.
297 Johann Breughel. Eine Landschaft.
298 Adrian v. d. Werff. Die Mutter Gottes.
299 Johann Breughel. Eine Landschaft.
300 Adrian van der Velden. Ein Viehstück.
301 Johann Breughel. Ein Seestück.
302 Adrian Ostade. Eine Küche.
303 Unbekannt. Christus, Martha u. Magdal.
304 Justus van Egmond. Ein Mannsportrait.

Siebens

Siebentes Zimmer.

305 Joh. van Huysum. Ein Früchtenstück.
306 Egbert Hemsterken. Ein Wucherer.
307 Netscher. Ein junger Knabe bläst die Flaute.
308 Adam Elzheimer. Ein Mondschein.
309 Adrian van der Werff. Eine alte Frau.
310 Eglon van der Neer. Die Fabel Jupiters.
311 Johann Wenix. Ein Blumenstück.
312 Christian Puytling. Ein Hund.
313 J. Nik. Nasini. Sylen und Nymphen.
314 Guercino da Cento. Christus trägt das K.
315 Adrian van Utrecht. Zwei Haasen.
316 Rubens und Breughel. Ein Blumengarten.
317 Gabriel Mezzu. Ein Mägdchen.
318 Franz Vanni. Eine vestalische Jungfrau.
319 Gottfried Schalcken. Eine Mutter Gottes.
320 Adrian van der Werff. Eine Venus.
321 Rachel Ruysch. Ein Blumenstück
322 Johann Weenix. Ein Blumenstück.
323 Eglon van der Neer. Agar und ein Engel.
324 Christian Puytling. Ein hangender Haas.
325 Nasini. Bachus und ein Satyr.
326 Barth. Verelst. Ein Portrait.
327 Erasmus Quellinus. Die Geburt Christi.
328 Alex. Veronese. Die Enthauptung Johann.
329 Franz van Haagen. Jakob und Rebecca.
330 Johann Wynants. Eine Landschaft.
331 Nikol. Berghem. Eine Landschaft.
332 A. van der Werff. Die heilige Familie.
333 Hermann Zaftleben. Ein Landschäftlein.
334 Philipp Wouwermann. Eine Landschaft.
335 Franz Frank. Christus im Grabe.
336 Joseph Heinz. Ein Bachanal.
337 Karl Dolce. Ein zwölfjähriger Christus.
338 Wouwermann. Eine Landschaft.
339 Adam Elzheimer. Merkur und Iphigenia.
340 Abraham Mignon. Zwei todte Feldhühner.

341 Salvator Rosa. Eine Landschaft.
342 Rugendas. Eine Schlacht mit Geharnischt.
343 van Schlichten. Ein Musikant.
344 Govaert Flink. Zwei Offizier
345 Joh. Breughel. Die Kreuzigung Christi.
346 Mieris. Eine in Ohnmacht liegende Frau.
347 Joh van der Does. Eine Hirtin.
348 v. d. Neer. Ein Frauenz. spielt auf der Zitt,
349 Heinrich Zastleben. Eine Landschaft.
350 Eglon van der Neer. Eine Landschaft.
351 Rottenhamer. Die Juden halten Ostern.
352 Anten van Dyck. Ein Mannskopf.
353 G. P. Giovane. Die Geißlung Christi.
354 Joh. Breughel. Eine Kirchweih.
355 Mieris. Portrait eines Frauenzimmers.
356 Joh. van der Hayden. Eine Landschaft.
357 Huntsmanns von Malines. Eine Landsch,
358 Barth. Schidone. Eine Mutter Gottes.
359 Artois. Eine Landschaft, worauf 3 Ochsen zu ersehen.
360 Helmbrecker. Christ. in der Schreinerwerkst.
361 Nikol. Berretoni. Die Mutter Gottes.
362 Corazzo. Ein Truppe Reuter
363 Guido Reni. Ein schlafender Christus.
364 Giaquinto Corrado. Venus und Aeneas.
365 Julio Romano. Eine Weibsperson.
366 Gerard Douw. Eine holländische Frau.
367 Polenburg. Eine schmerzhafte Mutter G.
368 Polenburg. Ein Ecce Homo.
369 d'Arpino. Christus auf dem Grabe liegend.
370 Gerard Douw. Eine Alte beim Tische.
371 Mieris. Ein Offiz. mit einer Tabakspfeife.
372 Joh. Breughel. Ein Landschäftl.
373 N. Berghem. Eine Landschaft mit Vieh.
374 Huntsmanns von Malines. Eine Landsch."
375 Quintus Wohl. Eine Alte schröpfet.
376 F. Zuccari. Die heil. 3 Könige.

377 Mezzu. Ein Frauenzimmer mit 2 Hunden.
378 Berretoni. Der h. Franziskus Seraph.
379 Carraue. Eine Schlacht zwischen Christen und Türken.
380 Rugendas. Eine Schlacht zwischen geharnischten Reutern.
381 Kaspar Poußin. Eine Landschaft.
382 Hypol. Scarsellino Eine Mutter Gottes.
383 J. F. v. Schlichten. Eine Lautenschlägerin.
384 J. P. van Schlichten. Der h. Philipp.
385 Johann Breughel. Eine Landschaft.
386 Adrian Brauwer. Eine Bauernschlägerei.
387 A. v. d. Werff. Die Erziehung der Jugend.
388 Hußmanns v. Malin. Ein Sonnenuntergang.
389 Gottfried Schalcken. Eine heilige Familie.
390 Kaspar Netscher. Ein Frauenzimmer.
391 Johann Rottenhamer. Das Abendmahl.
392 Eglon van der Neer. Ein Landchästl.
393 Johann Breughel. Eine Landschaft.
394 Johann Breughel. Ein Landschästl.
395 Johann Breughel. Eine Windmühle.
396 Dionysius Colvaert. Die Diana.
397 von Clerck und Savery. Adam und Eva.
398 Peter Quast. Eine Bauerngesellschaft.
399 Paul Brill. Eine Landschaft.
400 Ger. Terburg. Ein Bub flöhet einen Hund.
401 Karl Dolce. Ein Ecce Homo.
402 Breughel u. v. Baalen Ein Bad nöseu.
403 J. D. von Heem. Ein goldener Pokal.
404 J. Becke. Drei müde Jagdhunde.
405 Rodriquez Ein geharnischter Offizier.
306 Cresc. Scol del Pußino. Eine Landschaft mit alten Gebäu, worin Wandersleute reis.
407 D. Bohl. Ein alter Wucherer.
408 Johann Weenir. Ein Jagdstücklein.
409 Johann Decker. Ein Landschästl.
410 Molin. Eine Lands. worauf ein Weg. fa rt.

Merkwürdigk. b 411

311 Eglon van der Neer. Ein Seestück.
412 J. Breughel. Heil. Johann in der Wüsten.
413 G. Hoet. Die Cleopatra und Marc. Anton.
414 Ludwig Carracci. Ein todter Christus.
415 Johann Breughel.
416 Brauwer. Die Versuchung des h. Antons.
417 Alb. Dürer. Eine sterbende Mutter Gottes.
418 Rol. Savery. Ein Schweizergebirg.
419 F. Mieris. Die Begebenheit des Mieris.
420 Phil. Wouwermann. Eine Parforcejagd.
421 Nik. Poußin. Eine Geburt Christi.
422 Morillos. Zwei Buben essen eine Pastete.
423 Crescenzi. Eine Landschaft mit Bergen, worauf ein altes Schloß.
424 Johann Decker. Ein Bauernhaus.
425 J. B. Weenix. Eine schlafende Wanderöf.
426 Beham. Die Opferung im Tempel.
427 P. Molyn. Eine Landschaft mit Ruinen.
428 Brenckmann. Eine Aussicht des Wolfsbrun.
429 G. Hoet. Marcus Anton. und Cleopatra.
430 J. Rottenhamer. Die Hochzeit zu Canaan.
431 Dominichino. Der heil. Hieronymus.
432 P. Breughel. Aeneas wird in die Hölle gef.
433 Joh. Breughel. Die heil. 3 Könige.
434 Ludwig Carracci. Der h. Französ. Seraph.
435 Ger. Douw. Eine junge Magd am Fenster.
436 David Teniers. Eine Bauernhochzeit.
437 Balthasar Denner. Ein alter Weiberkopf.
438 Balthasar Denner. Ein Mannskopf.
439 Mieris. Das Portrait der Frau des Mieris.
440 Mieris. Portrait des Mieris selbsten.
441 Brauwer. Ein Arzt, welcher eine Wunde verbindet.
442 Gerard Douw. Ein Eremit.
443 Adrian Brauwer. Zwei Holländ. Bauern.
444 Rachel Runsch. Ein Blumenstück.
445 Joh. Lievens. Ein alter Leibarzt.

446 Franz Verkier. Ein alter Bauer mit einem Glas rothen Wein.
447 Geldorp Ein Frauenkopf.
448 Johann Holbein. Ein Frauenportrait.
449 Ferdinand Hamilton. Ein toder Haas.
450 Egid. van Tilborg. Eine Bauerngesellschaft.
451 Heinr. v. Clerck. Die Erschaffung der Welt.
452 David van Heem. Ein Blumenstück.
453 Carracci u. Correglo Jupiter u. Ganimed.
454 Andr. Sacchi. Der Graf von Sabioni.

Achtes Zimmer.

455 Manglard. Eine Landsch. den Abend vorst.
456 Brenckmann. Eine Landsch. worauf 3 reuten.
457 D. Fett. Erminia besucht ihren Geliebten.
458 P. Rembrand. Ein alt gebarteter Mann.
459 van Daalen. Portrait eines jungen Malers.
460 Piazetta. Ein Türk raucht Tabak.
461 Piazetta. Portrait eines Mannes, welcher einen Mantel in der Hand hat.
462 Otto Marseus. Eine große Distel.
463 F. Kobel. Eine Landschaft mit 2 Pferden.
464 Anton van Dyck. Ein Vesperbild.
465 Augustin Carracci. Eine Susanna.
466 Peter de Laer. Ein Zitterschläger.
467 Piazetta. Ein junges Mägdchen.
468 Sasso Ferrata. Eine Mutter Gottes.
469 Nik. Berghem. Bachus mit Nymphen.
470 Math. Mithos. Gerippy von Pferden.
471 Adam Elzheimer. Ein Landschäftl, worsauf die Versuchung Christi.
472 Adam Elzheimer. Der Brand von Troja.
473 Stephans. Ein Landsch. v. wildem Gebirg.
474 Johann Breughel. Christus predigt dem Volke in einem Schiff.
475 Gabiani und Bimbi. Die Mutter Gottes.
476 Scarsellini. Eine büssende Magdalena.

477 Piazetta. Ein Mannskopf mit einem Schnauzbart.
478 Piazetta. Ein Bauernkopf.
479 C. W. Hamilton. Ein hangender Haas.
480 Salvat. Rosa. Unterschiedl. Kriegsleute.
481 P. P. Rubens. Eine Geburt Christi.
482 F. Kobel. Eine Landschaft mit Mondschein.
483 Mollenar. Eine Bauerngesellschaft.
484 Pet. Paul Rubens. Ein Landschäftl.
485 D. Teniers. Eine Grablegung Christi.
486 Eglon van der Neer. Ein Landschäftl.
487 Adam Elzheimer. Ein Landschäftl, worauf die Taufe Christi zu ersehen.
488 Piazetta. Ein Kopf eines jungen Menschen.
489 Johann Breughel. Ein Landschäftl.
490 Elzheimer. Tobias in einer Landschaft.
491 Lukas van Uden. Eine Landschaft.
492 Johann van Kessel. Ein Blumenstück. —
493 Manglard. Eine See, worauf 1 Kriegsschiff.
494 G. Reni. Der h. Franzis. Seraph).
495 Molenari. Eine Mannspers. spielt Karten.
496 Rosa alba Carriera. Eine Flora.
497 Fergason. Zwei tode Tauben.
498 Phil. Brenckmann. Eine Landschaft.
499 Fergason. Etliche Tauben auf einem Tisch.
500 Madame Mellin. Stellt die Poesie vor.
501 Verbrügen. Eine Verbindung von Blumen.
502 le Brun. Abbildung der Madame Wallier.
503 Manglard. Eine Landsch. die Nacht vorst.
504 F. van Blaemen. Eine Landschaft.
505 Jakob Bassano. Eine Mutter Gottes.
506 Franz Reicher. Zwei Tiger.
507 Karl Morati. Die Mutter Gottes mit dem Kinde Jesu auf dem Arm.
508 Titian. Portrait eines Frauenzimmers.
509 Heinrich Roos. Eine Geise.
510 Cornel. Holstein. Bachus und Ariadne.

511

511 F. van Blaemen. Eine Landschaft.
512 Manglard. Eine See, den Morgen vorst.
513 Phil. Brenckmann. Eine Landschaft.
514 Domin. Fetti Erminia.
515 Joh. Backer. Portrait eines Frauenzimmers.
516 van Sandrat. Portrait eines Mannsbild.
517 Ph. Brenckmann Eine wilde Schweinhaz.

Neuntes Zimmer.

518 Gerard Geldor. Ein Frauenportrait.
519 Mad. Mellin. Das Element der Erde vorst.
520 Cav. Steudel. Heil. Johann Evangelist.
521 Phil. Brenckmann. Eine Landschaft.
522 Anton Amorozi. Ein Kind mit Trauben.
523 Trevisani. Eine Mut er Gottes.
524 Velasquez. Portrait eines Spaniers.
525 M. Mellin. Das Elem. des Wassers vorst.
526 Pater Gilbert. Portrait desselben.
527 Vivien. Portrait eines Frauenzimmers.
428 Piazetta. Junger Knab mit einem Federhut.
529 Zeemann. Ein stürmisch Landschäftl.
530 Karl Dolce. Ein Ecce Homo.
531 nach G. Reni. Ein h. Petrus in mosaique.
532 Vivien. Portrait des elben.
533 F. Birocci. Ein Frauenzimmer in profil.
534 Vivien. Portrait des Fürsten Bathiani.
535 Liviens. Portrait desselben.
536 Zeemann. Landschaft mit Kriegsschiffen.
537 Amorosi. Portrait eines Knab. mit Federh.
538 Tintoretto. Portrait eines jungen Knabens.
539 nach Karl Dolce. Eine Magdalena.
540 Mad. Mellin. Das Element des Feuers vorstellend.
541 M. Mellin. Das Element der Luft vorst.
542 Dom Zannetti. Ein Ecce Homo.
543 Ant. Amorosi. Portrait eines Kindes.
544 Lukas van Uden. Ein Bauernhof.

545 Gerard Geldorp. Portrait eines Mannes.
546 Nordone. Port. eines Man mit einer Brill.
547 Joseph Fratrel. Portrait des sel. Prinzen Friedrichs von Zweibrücken.
548 Abrah. Mignon. Austern auf einem Tische.
549 J. Breughel. Landschaft mit 3 Fuhrwägen.
550 Aldograve. Die Barmherzigk. des Samarit.
551 Paul von Matheis. Eine Seegöttin.
552 Albograve. Eine Mörder.
553 Breughel. Landsch. mit einer Windmühle.
554 Bar. Böhm. Eine Schlacht zwischen Spaniern und Holländern.
555 Jos. Fratrel. Portrait des sel. Kurfürsten von Mainz, Emerich Joseph.
556 Unbekannt. Portrait eines gel. Secretairs.
557 Benet. Eine Beschwör. bei einem Grabe.
558 Bott. Die Werke der Barmherzigkeit.
559 Copia nach Mieris von J. Fratrel. Eine ohnmächtige Frau.
560 Holbein. Ein rundes Portr. in alter Tracht.
561 Wilh. Bauer Eine Landschaft mit Bauern auf dem Eise.
562 Hamilton. Wilde Kastanienschlangen.
563 Aldograve. Die Barmherzigk. des Samarit.
564 le Beil. Eine Bauernkirchweih.
565 Madem. Weidmüllerin. Ein Blumenstück.
566 Jos. Fratrel. Die Familie von Fratrel.
567 Ger. Douw. Portrait eines Mannes.
568 Ad. Elzheimer. Tobias in einer Landschaft.
569 Unbekannt. Die Versuch. des h. Antons.
570 Unbekannt. Eine Magdalena in mosaique.
571 nach Maratti. Eine Mutter Gottes in mos.
572 P. Lauri. Jason erlegt den Drachen.
573 M. A. Cerquozzi. Ein Geharnischter.
574 Carletto Veronese. Die Geburt Christi.
575 v. d. Bende. Eine Landschaft mit Viehe.
576 Joh. van der Bende. Eine Landschaft.

577

577 P. F. Molla. Der Apostel Bartholomäus.
578 J. von Heiß. Ein Hirt führt eine Kuh.
579 Salv. Rosa. Jason erlegt den Drachen.
580 nach G. Reni. Eine Sibilla in mosaique.
581 Unbek. Franziskus Seraph. in mosaique.
582 Unbek. Carol. Borromäuß in mosaique.
583 nach Maratti. Eine Mutter G. in mosaiq.
584 Unbek. Drei Distelfinken in mosaique.
585 Unbek. Heil Johann in der Wüsten.
586 Unbek. Ein Blumenstück in mosaique.
587 J. Stella. Eine Magdalena, Florentinische.
588 Maturino. Die Werkstatt Vulkans.
589 P. Breughel. Die Ehebrecherin.
590 Carravag. Nymphen auf dem Berg Parnaß.
591 van der Werff. Der Tempel der Künsten.
592 Rubens. Die Bekehrung des h. Pauli.
593 A. van der Werff. Portrait eines Malers.
594 A. van Dyck. Eine Mutter Gottes.
595 A. van Dyck. Ein Vesperbild.
596 v. Dyck. Eine Mutter G. und Franz. Ser.
597 Muziani. Christus auf dem Kreuz sizend.
598 Kobel. Eine Landsch. von wildem Gebirge.
599 Joh. Rottenhamer. Eine heilige Familie.
600 P. P. Rubens. Eine Waldung vorstellend.
601 van Lind. Christus am Kreuz.
602 Jakob Tintoretto. Ein Mannskopf.
603 Leone da Vinci. Joc.nda in flieg. Haaren.
604 F. Molla. Das Portrait Verrini.
605 J. Tintoretto. Profil eines Mannskopfes.
606 J. Tintoretto. Profil eines Weibskopfes.
607 Philipp Lauri. Eine Landschaft mit einer Nymphe und Seegott.
608 T. v. Dulden. Profil eines Frauenzimmers.
609 L. Bassano. Ein Kopf des h. Philipps.
610 Heinr. Aldograve. Ein alter Mannskopf.
611 Holbein. Portrait eines Alten in schwarzer Kleidung.

b 4   612

612 Joseph del Sole. Bachus verſezt die Krone der Ariadne in ein Geſtirn.
613 Ger. Laireſſe. Die Flucht in Egypten.
614 Heinrich Golzius. Cupido und Venus.
615 Paul Rembrand. Eine alte Frau.
616 H Golzius. Ein alter Kopf mit roth. Bart.
617 Johann Holbein Ein Frauenkopf.
618 Ferdinand Kobel. Ein Landchäſtl.
619 D. Teniers Portrait des alten Teniers.
620 Holbein Senior. Portrait desſelben.
621 nach Rubens Eine Mutter Gottes.
622 F. Kobel. Eine Landſchaft mit Waldung.
623 P. von Cordona. Ein alter Mannskopf.
624 Gort. Geldorp. Ein altes Portrait.
625 J. F. Millet. Eine Landſchaft.
626 Johann Holbein. Ein Mannskopf.
627 Calf. Ein Krebs auf einer Schüſſel.
628 Paul Rembrand. Ein Mannsportrait.
629 Rembrand. Ein alter Kopf ohne Haar.
630 Gerard Douw. Ein Mannsportrait.
631 Cornel. Vega. Zwei Tabaksraucher.
632 Leonard da Vinci. Das Portrait desſelben.
633 Philipp Lauri. Apollo mit Nymphen.
634 Venev. Carofalo. Portrait desſelben.
635 Maas Ein Portrait in ſchwarzer Tracht.
636 F. Frank. Die Kreuztragung Chriſti.
637 D. U. B. bezeichnet. Eine Jagd.
638 Johann Breughel. Ein Seehafen.
639 Paul Brül Eine Mühle.
640 Albrecht Dürer. Ein Ecce Homo.
641 Anton van Dyck. Ein Frauenportrait.
642 Kaspar von Crayer. Ein Mannskopf.
643 Giov Bellono. Eine Frau mit einem Kind.
644 Unbekannt. Portrait eines Prinzen.

Intendant, Graf von Savioli; Director, Herr von Schlichten; Gallerie-Inspector, Herr Zottner.

Das Kupferstich- und Zeichnungs-Kabinet. Aus dem lezten Gemälden-Zimmer gehet man in das Kupferstich-Kabinet. Auch dieses hat seine Anstalt dem Durchlauchtigsten Karll Theodor zu danken. Höchstdieselbe beruften 1758 den ersten Hofmaler und Gallerie-Director, Herrn Krahe, von Düsseldorf, und übergaben ihm diese Kupferstich-Sammlung einzurichten. Es ist dieses eine der zahlreichesten in ganz Europa, und bestehet aus mehr als 400 Bänden in gros Folio. Die Kupferstiche darin sind nach den verschiedenen Schulen eingetheilet, nach Italiänischen, Französischen, Niederländischen, Englischen, Holländischen und Deutschen ꝛc. Man findet darin alles, was in dieser Gattung das seltenste und auserlesenste so altes als neues nur immer seyn kann. Man hat weder Kosten noch Mühe gesparet, um diejenigen Stücke zu bekommen, welche nicht leicht zu haben sind. Den Kupferstichen hat man auch eine große Menge Original-Zeichnungen von berühmten Meistern beigefüget, und behält einige 1000 davon in Futteralen auf. Es sind darunter über 550, welche in Ramen mit weisem Glase eingefaßt sind, und die Wände des Kabinets bekleiden, worunter einige von Raphael von Urbino, Michel Angelo Bonarotti, Julius Romain, Guido Reni, Hanibal und Ludwig Caracha, Andreas del'Sarto, Baccio, Bandinelli, Sodoma, Calviati, Frate, Pomerancio, Guercino da Cento, Lelio Orsi, Poussin, Perrin del Vaga, Albert Dürer, Rubens, van Dyk, van der Werff, Rachael Ruysch, Rembrand, Gerard Lairesse ꝛc. verfertiget worden. Der Aufseher hierüber ist Herr Eyttner.

Die Schaz-Kammer. Was man den Schaz heist, das ist eine sehr reiche Sammlung von Geräthen, Juwelen und Seltenheiten an Gold, Silber und kostbaren Steinen. Sie werden in zwei an das Naturalien-Kabinet anstoßenden Gemächern aufbehalten, welche rings um mit gläsernen Schränken versehen sind. Man trift unter dieser grossen Menge Steine an, welche in Ansehung sowohl der Kostbarkeit als der unvergleichlichen Bearbeitung höchst merkwürdig sind. Unter andern bewundert man dabei viele schöne Gefäße von Orientalischen Sardoniern in Gold gefaßt und mit Edelsteinen besezt, und unter andern einen von Smaragd-Muttern eiförmig mit samt seinem Deckel in Gold gefaßt, und mit Diamanten reich besezt, davon man nur einen findet. Faence mit Figuren aus Raphaels Schule. Ein sehr schönes Kreuz von Michael Angelo Bonarotti. Ein anderes grosses von Elfenbein, daran der Leib von einem Stücke ist. Ferner ein Schrank voll von Geschirren, Bechern, Deckeln, Krügen und steinerkristallenen Schüsseln, alles in Gold gefaßt. Unter andern bemerkt man 2 Gefäße von schwarzem Cristall. Weiters einen vergoldeten Triumphbogen mit Steinen gezieret, und noch viele andere Arbeiten mit Edelsteinen reich besezt. Der Schazmeister ist Herr Goes.

Saal der Statuen. Dieser Saal ist eine der vorzüglichsten Merkwürdigkeiten Mannheims. Nicht allein in Deutschland und Frankreich, selbst in Italien weis man keinen Plaz, wo eine so reiche Sammlung von getreu abgeformten, reinen Gipsabgüssen nach den schönsten Griechischen und Römischen Original-Statuen

tuen anzutreffen wäre. Alles was Rom, Neapel, Florenz, Venedig bewunderns-und sehenswürdiges in diesem Fache hat, sehen wir hier neben einander stehen. Die herrliche Gruppe von Laocoon mit seinen Kindern, die beiden Ringer, Castor und Pollux, Caunus und Biblis, einige einzeln abgerissene Kinder-Figuren der großen weltberühmten Todesgruppe, Niobe genannt, dann unter einzeln Figuren der sterbende Gladiator, der Vatikanische Apoll, die Mediceische Venus, der Fechter, die große Flora, der Farnesische Herkul, Hermaphrodit und andere mehr werden Kenner und Liebhaber fest halten, und ihn zwingen, bei hiesigen Aufenthalt mehr als einmal zu ihnen zurück zu kehren. Unter den hiesigen Köpfen sind vorzüglich Alexander der Große, Niobe, die Mutter Antinous, Mithridates, Cleopatra, Homer, eine Vestale, dann die Portraits von Caracalla, Nero, Socrates, Cicero, die Ehrfurcht dem betrachtenden Künstler, und Bewunderung dem Liebhaber erwecken werden.

Dieser sehenswürdige Saal wurde im Jahre 1767 von Herrn von Verschaffelt erbauet, macht ein wirklich Quadrat von 53 Schuh aus, von der Nordseite wird er hell beleuchtet, ist ungemein bequem zum Studio junger Künstler eingerichtet, da jede Gruppe und Figur in gut m Lichte dabei auf einem Rollstuhle siehet, so, daß sie mit leichter Mühe, den großen Herkules nicht ausgenommen, herum bewegt, und nach jeder Seite gedreht werden kann.

Deutsche National-Schaubühne. Den hieher gehörigen Artikel siehe unten.

Liebhaber-Concert. Auch diesen Artikel siehe unten.

Offent-

Oeffentliche Vorlesungen.

Hauptkriegsschule. Vermög gnädigsten Rescripts vom 14. December 1776 ist die hiesige Ingenieur- und Artillerieschule in eine Hauptkriegsschule verwandelt worden, weil die zu Düsseldorf und Gülich sich nach der hier ganz neu eingeführten Lehrart derselben richten sollen. Die Oberaufsicht haben der hiesige Gouverneur, Se. Excellenz Freiherr von Belderbusch, und in dessen Abwesenheit der Commendant, Herr Generalmajor von Failly. Dieselbe ist nicht nur für Ingenieurs und Artilleristen, sondern für alle Offiziere und Cadeten. Letztere haben die Nachmittags-Stunden von 2 bis 4 Uhr; Morgens von 8 bis 10 Uhr ist es für Ingenieurs und Artilleristen angewiesen. Montags, Mittwochs und Freitags sind die ordentlichen Lehrtäge. Dienstags, Donnerstags und Samstags aber wird das, was in den ordentlichen Lehrstunden vorgetragen worden, wiederholet. Ordentlicher Lehrer, unter dem Namen Vorsteher der Hauptkriegsschule, ist Artillerie-Oberlieutenant, Herr Schweigel; der Feuerwerker, Herr Neumann, aber Repetiteur. Die Winter- und Herbstmonate sind der Theorie, die übrige Zeit aber den praktischen Anwendungen derselben bestimmt.

Militärisches anatomisches Theater. Wurde in dem Jahre 1754 gestiftet, und durch die große Freigebigkeit des hochseligen Prinzen Friedrich von Pfalz-Zweibrücken sehr bereichert. Es sind drei Zimmer in dem Kurfürstl. militärischen Lazaret, dreißig Jahre lang, dazu bestimmt gewesen. Im Jahre 1784 ist dieß unter unmittelbarem Schuze des Hofes stehende Thea-

ter in eine besondere Abtheilung der zunächst am Rheinthore gelegenen Kaserne verlegt worden. In dem untern Stocke derselben ist ein wohl eingerichteter Präparirsaal mit allen Bequemlichkeiten für die im Zergliedern sich üben wollende angebracht. Die übrige Gelegenheit allda ist gewissen anatomischen Zubereitungen gewidmet. In dem mittlern Stocke befindet sich der Hörsaal, nebst einem Nebenzimmer und Injections-Laboratorium mit den dazu gehörigen Werkzeugen. In dem Parterre des Saales ist der Tisch zur öffentlichen Zergliederung, und Sizplaz für Zuhörer vom Range. Von da erhebt sich das Amphitheater mit fünf Logen, in welchen die Compagnie-Wundärzte, auch alle und jede, die Lust zu lernen haben, nach Maßgabe des Reglements, sich hinsezen, und von da aus die zu erklärende Theile des Körpers genau sehen können. In dem obern Stocke sind zwei Zimmer mit allerhand Gerätbschaften zur Aufbewahrung und Verfertigung verschiedener anatomischer Arbeiten. Man findet hier vorzüglich schöne Squeletten, unter welchen eins mit zweien Rippen mehr, als gewöhnlich, und ein anderes, woran das Pulsader-System roth ausgesprizt zu ersehen, befindlich ist. In einer besondern langen Kiste liegen die Knochen eines Squelettes nur in der Ordnung, und ist die Hälfte davon in der Mitte von einander gesäget, um die Substanz daran erkennen zu können. Auch siehet man hier vielerlei sonstige Präparaten und Seltenheiten, und alles dieses in großen und kleinen Glas- und und andern Schränken.

Die beiden Saale sind mit den gemalten anatomischen Tafeln des bekannten Gauthier
aus

ausgezieret. Der Director und Professor der militärischen Anatomie ist Herr Leist.

Die osteologischen Collegien werden in den Monaten September und October gegeben, die Zergliederungen selbst aber fangen im November an, und währen bis nach Ostern; da dann vor Mittags von 10 bis 12 Uhr Anleitung zu der Kunst der Zergliederung gegeben wird, nach Mittags aber, zu gesezten Stunden, die Theile an dem präparirten Körper selbst erkläret werden. Alle in dem militärischen Lazarete sterbende und hiezu brauchbare Soldaten, wie auch Delinquenten und tod gefundene Personen, werden diesem vortreflichen Gebrauche, vermöge gnädigsten Befehls, übergeben. Ein jeder von den Lernenden hat einen freien Zutritt, und es werden ihm auch die Nothwendigkeiten zum Zergliedern umsonst gereichet, und alle Unterrichtungen unentgeltlich ertheilet.

Beim Schlusse eines jeden Lehrlaufes wird mit den sämtlichen Kriegs-Wundärzten, als wegen welchen eigentlich die Stiftung geschehen, eine dreitägige öffentliche Prüfung angestellet, nach deren Endigung die zur Becierung gnädigst ausgesezte drei silberne Preiß-Medaillen verschiedener und beträchtlicher Größe unter die drei Bestverdiente ausgetheilet werden.

Ein mehreres hievon findet man in den Rheinischen Beiträgen 1780, 9tes Heft, S. 264.

Chirurgisches Collegium. Die Lehre der Wundarznei-Wissenschaft wurde zwar auch mit dem anatomischen Theater 1754 gestiftet, der Vortrag derselben kam aber erst, verschiedener Ursachen wegen, im Jahre 1763 zu Stande. Der öffentliche Lehrer davon ist der Kurpfälzische

sche Rath, Leib= und Oberstaabs= Chirurgus, Herr Winter, und in dessen Abwesenheit der Anatomie=Director, Herr Leist. Die Collegia fangen mit Anfang des Herbstes an, und endigen sich zu Ende des Aprils. Die Vorlesungen geschehen täglich (die Feiertäge und Samstäge davon ausgenommen) nach Mittags von 2 bis gegen 4 Uhr. In denselben wird nicht allein die Theorie erkläret, sondern auch die Operationen an entseelten Körpern verrichtet. Jeder Liebhaber hat hier einen freien unentgeldlichen Zutritt; auch wird er gereizt, dieser so milden Stiftung um so ehender zu geniesen, da Se. Kurfürstl. Durchl. zur bessern Aufmunterung der Lehrlinge jährlich 3 silberne Belohnungsmünzen für jene drei Zuhörer gestiftet haben, die in dem Frühlings=Hauptexamen, so 3 Tage dauert, als die besten befunden werden. Den schönen Vorrath von Instrumenten haben der höchstselige Prinz Friedrich von Pfalz=Zweibrücken angeschafft, und Se. Kurfürstl. Durchl. haben im Jahre 1765 durch neue von dem gewesenen Hofinstrumentenmacher Eberle unvergleichlich verfertigte Instrumenten diesen Vorrath vermehret.

Mehrere Nachricht hievon findet man in den Rheinischen Beiträgen 1780, 9. Heft, S. 264, und 10. Heft, S. 365.

Hebammen=Schule. Wurde von Sr. Kurfürstl. Durchl. 1766 errichtet, und den 24. Nov. eröffnet. Das Haus stehet an dem Heidelberger Thore, gegen dem Gieshause über, und hat theils einen öffentlichen Hörsaal, theils Zimmer für Gebährende, theils Wohnzimmer für die Wartfrau. Der Hörsaal ist sehr groß, rings herum mit Bänken, auch mit einer Anatomie=

tomie-Tafel und den gewöhnlichen Maschinen versehen. Die Collegia giebt Herr Professor Fischer Morgens von 8 bis 9 Uhr. Nachmittags wiederholt Herr Rath Wilhelmi in Fragen von 2 bis 3 Uhr mit den Lehrlingen, was Morgens ist vorgetragen worden. Nebst diesem wird von den Lehrern über die Krankheiten vor- in- und nach der Geburt vorgelesen, so zwar, daß wie in der Woche ein Kapitel, z. B. von der schweren Geburt, geendiget worden, die aus einer schweren Geburt folgende Krankheiten in der nämlichen Zeit abgehandelt werden, damit durch diese Ordnung beide Lehrgattungen desto gemächlicher können begriffen und behalten werden. Jedes Collegium dauert 3.1/2 Monat. Nach vollendeter Lehre wird jede Schülerin in Gegenwart eines Mitgliedes des Concilii Medici von beiden Lehrern scharf geprüfet, und nach befundener Fähigkeit mit einem Attestate des Concilii Medici entlassen. Alle weibliche Delinquenten werden hieher zur Zergliederung geliefert.

In den übrigen Zimmern sind für 12 Bettläden Platz, worin die Schwangere bis verschiedene Zeit nach geschehener Entbindung gehalten werden. Jedermann kann sich hier unentgeldlich in dieser höchstnöthigen Wissenschaft unterrichten lassen, aus der ganzen Kurpfalz aber müssen die in Zukunft anzustellende Hebammen alle hier unterrichtet, und in einer scharfen Prüfung tüchtig befunden worden seyn. Jene Gemeinde, welche einen Lehrling abschickt, muß ihr zu ihrer Unterhaltung währender Lehrzeit täglich 15 kr. aus gemeinen Mitteln abreichen, und die nöthigen Bücher anschaffen. Diese gelernte Hebammen sind alsdann von allen Frohnden der Gemeinde frei und ausgenommen. Sie
sind

sind verbunden alle ihnen vorkommende schwere Fälle der Geburt sowohl, als der besonderen Krankheiten, welche ihnen jährlich vorkommen, einzuberichten, damit man ihnen für die Zukunft nöthige Maaßregeln in ähnlichen Eräugnissen vorschreiben kann. Wird eine mit Recht eines Fehlers überwiesen, so wird dieselbe zu nochmaliger Prüfung verurtheilt und angehalten. Die Aufsicht darüber hat das Concilium Medicum.

Krankenwärter-Schule. Im Jahre 1781 wurde vom Herrn Medicinalrath Mal, nach erhaltener gnädigsten Genehmigung von Hof, eine in ihrer Art ganz neue öffentliche Lehrschule, um vernünftige Krankenwärter zu bilden, errichtet. Jährlich wird im Frühjahre ein Lehrlauf von 3 Monaten gegeben. Die Lehrlinge erhalten, nebst andern dem Gegenstande angemessenen, auch gesunde Grundbegriffe aus der Naturlehre. Weder die Lehre, noch das von dem Lehrer entworfene Lehrbuch kosten etwas. Jedem jungen Wundarzt, jeder Kindsfrau oder herrschaftlichen Bedienten ist der freie Zutritt gestattet. Nach vollendetem 3 monatlichen Lehrlaufe werden die Schüler öffentlich geprüfet, und die 3 Fähigsten werden mit silbernen Denkmünzen, welche Preise von einigen Menschenfreunden zusammen getragen werden, gekrönet.

Patriotische Kranken-Kasse. Mit diesem heilsamen Institut ist eine andere Einrichtung für arme durftige Kranke in hiesiger Stadt verbunden. Der Adel und mehrere wohlthätige Mitbürger geben jährliche Geldbeiträge zu einer kleinen Armenkasse, wovon Herr Re-

gierungsrath von Weiler, der jüngere, und Herr Hofgerichtsrath Dawans die Empfänger sind. Aus dieser Kasse werden vorzüglich die wiedergenesende Arme mit Fleisch und Brod gelabet, und jene Krankenwärterinnen im Sommer mit 24 kr., im Winter aber mit 30 kr. täglich belohnet, welche auf das Zeugniß des Arztes oder Geistlichen einem dürftigen verlassenen Kranken treu und fleißig beigestanden haben. Ihro Durchl. die Frau Kurfürstin haben dieser Armenkasse eine jährliche großmüthige Beisteuer zugesichert. Diesem erhabenen Beispiele der Wohlthätigkeit sind die meisten wohlhabenden hiesigen Mitbürger mit Ruhme nachgefolget, so zwar, daß man schon dieses Jahr aus einem Vorrath von 611 fl. im Stande war, nebst der Belohnung der Krankenwärter, beinah 3000 Pf. Fleisch und eben so viel Laib Brod an dürftige Wiedergenesene, zur Wiederherstellung ihrer Kräfte, abzureichen.

Akademie der Zeichnung und der Bildhauerkunst. Sie wurde von Sr. Kurfürstl. Durchl. im Jahre 1757 gestiftet, und für sie ein eigenes Gebäude erbauet, so an das Militär-Lazaret anstößet, worin bisher viele Kunstbegierige unter der Aufsicht des ersten Hofbildhauers, Herrn v. Verschaffelts, in der Zeichnung nach dem Leben und Modelliren sich geübt haben. Im Jahre 1767 ist der große viereckigte Statuensaal gegen Norden für die Sommerarbeit erbauet worden. Im Jahre 1769 haben unser mildester Kurfürst diese Zeichnungs-Akademie mit Saz-und Ordnungen gnädigst versehen, und derselben einen Protector, Director, mehrere Professoren, wie auch einen beständigen Secretär gesezet. Es werden wochentlich 2 Modelle wech-

wechselsweiß aufgestellet, manchmal auch beide zusammen in einer Gruppe. Die Akademie fängt gewöhnlich den 15. Oct. an, und endiget sich in der Hälfte des Monats April. In der lezten Woche wird um Preise gezeichnet, welche in 3 goldenen Medaillen bestehen, und 14 Tage nach geendigter Akademie unpartheiisch ausgetheilet werden. Gleich nach diesem Vorgange fangt das Studium in obgemeldtem schönen Antiquen-Saale an, in welchem man alle erwünschte Bequemlichkeit zum Zeichnen und Modelliren bis zu Anfange des Herbstes haben kann. Ferner befindet sich in dem Akademie-Gebäude ein großes Laboratorium für die Bildhauerei, in welchem verschiedene Bildhauer unter der Aufsicht und nach den Modellen des berühmten Herrn von Verschaffelt arbeiten. Neben daran ist ein Zimmer mit vielen schönen und neuen Statuen und Brustbildern von gedachtem Künstler zu sehen.

Merkwürdige Gebäude.

Zeughaus. Dieses zur Beschüzung und Sicherheit des Landes, und zur Zierde der hiesigen Stadt neu aufgeführte merkwürdige Gebäude, ist ebenfalls ein unsterbliches Denkmal unsers großen Karl Theodors, Höchstwelcher die Erbauung und Einrichtung desselben der Direction Sr. Excell. Tit. Herrn Generallieutenanten, Freiherrn von Velderbusch, zu überlassen gnädigst geruhet haben.

Es stehet an einem unserer hiesigen öffentlichen Plätzen, unweit dem Rheinthore.

Der Anfang zu diesem Gebäude wurde den 14. Jun. 1777 gemacht, und der erste Stein in die 20 Schuh tiefe Fundamenten, welche selbigen

gen Sommer noch ganz heraus gemauert worden, den 10. Oct. bemeldten Jahres mit besonderer Feierlichkeit in höchster Gegenwart Sr. Kurfürstl. Durchlaucht gele. et

Das ganze Gebäud hat 650 Schuhe im Umfange, zwei Haupt- und zwei Seitenfaçaden, an welchen zwei schöne Stiegenhäuser mit künstlich und sehr bequemen Hauptstiegen befindlich sind, welche vier Etagen hoch von Steinhauerarbeit mit Kreuzgewölbern versehen, und 236 steinerne Staffeln enthalten.

Die erste Façade, gegen den öffentlichen Platz, bestehet aus einem ausnehmend reich von Bildhauerarbeit künstlich verzierten Corps de Logis, in welchem ein nicht weniger reich componirtes Hauptportal befindlich, welches durch eine Frontispice gekrönet ist, in welcher verschiedene, theils antike, theils moderne Kriegsarmaturen und Trophéen von Bildhauerarbeit sehr schön ausgehauen sind.

Unter dieser Frontispice ist ein Cartel, eine Draperie mit Muschelwerk vorstellend, 10 Schuh breit und 5 Schuh hoch, in welchem folgende Inschrift ausgehauen ist:

SECVRITATI PVBL.
CAROLVS THEODORVS
S. R. IMP. ARCHIDAPIFER ELECTOR
PIVS, PACIFICVS, FELIX
F. C.
MDCCLXXVIII.

Ueber dieser Inschrift, in der Mitte des Hauptportals, befindet sich ein Schlußstein 3 Schuh 4 Zoll hoch, 2 Schuh 3 Zoll breit, welcher einen willkührlichen Kopf (Tête de Fantaisie) vorstellet.

Ueber der Frontispice des Hauptportals stehet

het auf einem Socle, in Gestallt eines Piedestals, das ganze Kurfürstliche Wappen mit dem Kurfürstenhut, welches ohne den Reichsapfel 13 Schuh 9 Zoll hoch, und mit den Nebenverzierungen 22 Schuh breit ist.

Um das Wappen ist eine Draperie, welche den Kurfürstenmantel mit dem goldenen Vließ, St. Georgen= und St. Hubertsorden vorstellet.

Die daselbst angebrachten Löwen haben 10 Schuh Proportion, und neben um denselben befindet sich eine antike Casque.

Diese Bildhauerarbeit enthält, ohne die Tiefe und Ausladung, überhaupt 236 Quadratschuh 3 Zoll.

An den Extremitäten dieses Corps de Logis sind auf einem 3 Schuh 10 Zoll hohem Socle, 5 Schuh breite, und 43 Schuh hohe Pilastres en Pierres de resend (von verspunten Quadern), über welchen sich componirte Capitäler von 7 Schuh 1 und ein halben Zoll breit, und 3 Schuh 10 und ein halben Zoll hoch mit Schnecken von Jonischer Ordnung, und einem Heldenkopf, welcher 2 Schuh 3 Zoll hoch ist, befinden.

Ueber diesen Capitälern, in dem Frise, sind 2 Consoles, welche 5 Schuh hoch und 4 Schuh breit sind, und durch Laubwerk verzieret worden.

Zwischen diesen Consoles in dem nämlichen Frise liest man mittelst 2 Schuh 9 Zoll hohen, 2 Schuh breiten, und 5 Zoll dicken, fein in Glanz vergoldeten großen maßiven Deutschen Buchstaben die Inschrift:

Zeughaus,

welche einen Raum von 78 Quadratschuh und 6 Zoll einnimmt.

An

An den Ecken dieses Gebäudes befinden sich auf dem nämlichen 3 Schuh 10 Zoll hohen Socle 6 Schuh breite und 53 Schuh hohe Pilastres mit Bossages en rustique, über welchen ein componirtes Capital von 9 Schuh breit und 3 Schuh hoch mit Voluten von Jonischer Ordnung vorfindlich, in deren Mitte ein sehr schöner Löwenkopf angebracht ist.

Die ganze Façade ist überhaupt mit schönen architektonischen Fenstern verzieret, zwischen welchen 2 und ein halben Schuh breite Pilastres befindlich sind, welche an den Pfeilern bis unter das Architrave gehen, über welchen schöne Panneaur und ein sehr kostbares steinernes Hauptgesims zu sehen ist.

Diese Façade machet ein recht männliches und solides Ansehen.

Die zweite Hauptfaçade, nach dem so genannten Kugel-Parc oder Hof, hat ebenfalls ein nettes und der Façade angemessenes, wohl proportionirtes Hauptportal, ohne reiche Verzierungen, mit verspunten Quadern.

Das Corps de Logis stehet 6 Zoll vor, und ist durch glatte erhabene Füllungen verzieret.

Diese Façade hat gleichfalls schöne glatte und wohl proportionirte Fenster, zwischen welchen sich vertiefte Füllungen befinden, und ist ebenfalls mit einem kostbaren steinernen Hauptgesimse gekrönet.

Die Seitenfaçaden sind einander durchaus gleich, haben ein schönes rustiques Portal von Dorischer Ordnung mit einem Arrier-Corps von Spunten mit Fasen.

An den Ecken dieser Seitenfaçaden befinden sich die nämliche 6 Schuh breite und 53 Schuh hohe Pilastres mit Bossages rustiques, mit den nämlichen oben beschriebenen componirten

Capi-

Capitälern, und auf die nämliche Art verzierten architektonischen Fenstern, Panneaux und Hauptgesims.

Ueber dem Corniche des Portals, recht- und linker Hand des mittlern Fensters, sind sehr zierliche antike und moderne Kriegsarmaturen und Trophäen von Bildhauerarbeit angebracht, welche diesen Façaden ein recht erhabenes und kriegerisches Ansehen geben.

Zwischen dem mittlern und den Seitenfenstern dieser Façaden ziehen sich gleichfalls 2 und ein halben Schuh breite gekuppelte glatte Pilastres bis unter das Architrave des Hauptgesims.

Ueber dem Portale der einen Seitenfaçade unter dessen Corniche lieset man auf einer angebrachten Inscriptionstafel folgende Inschrift ausgehauen:

REI ET CONSILIO MILIT. PRAEFECTO
IOA. THEODORO L. B. de BELDERBVSCH
ORDINIS TEVT. COMMEND.
LEGATO MILIT.

Ueber dem Portale der andern Seitenfaçade, an dem nämlichen Platz und Stelle, ist auf oben beschriebene Art nachstehende Inscription zu lesen:

GVBERNATORE VRBIS
LEOPOLDO MAX. L. B. de HOHENHAUSEN
ORDINIS ELECT. LEONIS PAL. EQVITE
LEGATO MILIT.
ACADEMIAE SCIENT. PRAES.

Die zweite Stiegenhäuser sind leicht und auf die nämliche Art, wie die zweite Hauptfaçade decoriret.

Das Gebäud selbst bestehet aus einer 12 Schuh
im

im Licht hohen Souterrains-Etage, welche mit bombenfreien Kreuzgewölbern versehen ist; dem Rez de Chaussée, welcher mit einer Colonnade von 28 steinernen Säulen von dorischer Ordnung, die 18 und ein halben Schuh hoch sind, gezieret ist; und noch 3 andern Etagen, wovon in einer jeden eine gleiche Colonnade von hölzernen Säulen vorfindlich.

Ueber all diesen Etagen ist ein 28 Schuh 9 Zoll hohes gerades Schifferdach mit elektrischen Wetterleitern.

Das ganze Gebäud ist von dem Boden bis an den Först des Daches 92 Mannh. Schuh hoch.

Hinter diesem Gebäude befindet sich ein sehr schöner, 203 Schuh langer, und 118 Schuhe breiter Plaz, welcher mit einer, aus Quadersteinen verfertigten, sogenannten Brustmauer, mit steinernen Pfosten, und eisernen Stagetten versehen, eingefaßt ist.

In diesen Plaz führen 2 Thore zur recht-und linken Hand der Brustmauer, welche aus gar künstlich, und mustermäßiger Schlossers-Arbeit hergestellet sind. Die steinerne Pfeiler neben diesen Thoren sind mit gar artigen Trophäen gezieret.

An den Enden dieser Einfassung rechts und links sind 2 ansehnliche, aus gehauenen Steinen verfertigte Schilderhäuser angebracht, und gleich darneben eine große, 134 Schuh lange Haugard.

Der innere Plaz ist zu Aufarchung der Bomben und Kugeln, oder zu einem sogenannten Kugelgarten, und die Haugard zu Aufbewahrung allerlei Artillerie-und Zeughaus-Requisiten bestimmet.

Die Erfindung dieses Gebäudes ist von Herrn von Verschaffelt.

Deut-

Deutsches Schauspielhaus. Das ganze Gebäud hat 639 Schuh in Umfang und zwei Hauptfaçaden: eine gegen die Straße und die andere gegen den so genannten Jesuiter plaz zu. Die erste Façade gegen die Straße, deren Eingänge zu der Comödie, zu dem Redouten- und Assembleen-Saal, und zu den Caffee- und Billardzimmern führt, besteht aus 3 Hauptportalen mit 8 Toskanischen Säulen verziert, über welchen ein Altan von mehr als 40 Schuh in die Länge befindlich. Gleich beim Eingange durch das Hauptportal kommt man in ein mit Dorischen Pilastern geziertes Vestibül. Zur rechten und linken Seite befinden sich die zur Caffeeschenk und Billard bestimmten Zimmer. Aus dem Vestibül führt ein Gang zu den beiden Hauptstiegen. Linker Hand ist ein Saal der Marionetten und andern dergleichen Lustbarkeiten. Durch diesen Gang kommt man auf den Vorplaz, wo die Stiegen sind, und aus diesem in einen Kreuzgang, der auf einer Seite auf den großen Plaz, auf der andern aber auf die Straßen führet. Von diesem Vorplaze geht man durch 4 Thüren in das Parterre. Dieses ist nach der gewöhnlichen Form in der Runde mit 3 Etagen, welche zusammen 45 Logen und oben darüber eine Gallerie enthalten, gebauet. Das Proscenium ist mit 4 Säulen von Korinthischer Ordnung unterstüzt. In dem Frontispice siehet man eine Medaillon mit dem Bildniß des Sophocles von der Fama und der Zeit gehalten. An jeder Seite befinden sich noch 3 kleinere mit antiken Festons und theatralischen Emblemen gezierte Medaillons. Der Platfond, welcher von einem hiesigen Künstler gemacht ist, stellt die Aurora vor, wie sie die Nacht verjagt. Der Hauptvorhang des Portals enthält

Merkwürdigk. c

hält ein allegorisches Gemäld: nämlich der Kurpfälzische Genius, der sich den Künsten und Wissenschaften gewidmet hat, tritt rechter Hand aus einem Tempel der Musen hervor. Neben ihm ein Opferaltar von dem Pfälzischen Löwen gehalten. Thalia und Melpomene kommen ihm von der andern Seite entgegen. Er streckt die eine Hand gegen sie aus, als ob er sie freundlich bewillkomme, die andere aber hebt er in die Höhe, um von Apollo und der Minerva, die oben in den Wolken erscheinen, Schuz und Beistand zu erflehen. In der Ferne erblickt man die Vereinigung des Rheins und Neckers und einen Theil der Mannheimer Gegend mit der Aussicht nach dem Heidelberger Schloß. Die beiden Hauptstiegen recht- und linker Hand, welche durch alle Etagen des vordern Gebäudes heraufführen und 114 Staffeln, durchaus von Stein, enthalten, leiten auf der einen Seite in alle Etagen und Logen des Theaters und auf der andern nach dem vordern Theile des Gebäudes zu in die zu den Assambleen und Concerten bestimmten Säle und Zimmer.

Die zweite Façade, nach dem so genannten Jesuiterplaz zu, bestehet aus einem Hauptpavillon in der Mitten, durch welchen man unmittelbar auf das Theater und zu den Ankleidzimmer der Comödianten und Tänzer kömmt. Rechter Hand ist noch ein kleiner Pavillon mit 2 Portalen von Toskanischen Pilastern, deren eines in den Marionettensaal, das andere aber in die Caffee- und Billardzimmer von außen her führet. Zu diesem Gebände ist das ehemalige Schütthaus gewidmet worden. Die ganze Anordnung des Gebäudes ist von dem Herrn Hoftammerrath und Theatral-Baumeister, Lo-

renz von Quaglio, der alles mit großer Geschwindigkeit, Kenntniß und Geschmack besorgt hat.

Im Jahre 1780 ist der große Gesellschaftssaal mit seinen Nebenzimmern ausgezieret, und der andere Theil des Gebäudes angefangen worden.

Ersterer ist unter Erfindung und Anleitung des erst gedachten Herrn Hofkammerr. von Quaglio in antikem Geschmacke gemalet, und zeichnet sich darin ein sehr schönes Deckengemäld aus, welches den Sieg der Venus vorstellet, wie sie in dem Götterhimmel den goldenen Apfel vorzeiget, wobei vierzig Figuren in künstlicher Schwebung und Stellung angebracht sind. Dieses Gemäld ist von dem schon durch viele Arbeiten dieser Art rühmlichst bekannten Herrn Professor Leidensdorf, welcher auch die Thürstücke und alle sowohl auf der Decke als an den Wänden befindliche Bas reliefs gemalt hat. Die Architektur und Verzierungen des Saales sind von den Herrn Joseph Quaglio und Pingetti in größter Schönheit verfertiget.

Die vor gemeldetem Saale aufgerichtete Altane zieren zwei vollkommen gerathene Bilder in Stein, die Tontunst vorstellend, nebst 2 Vasen, von dem Herrn van der Branden verfertiget, und mit dergleichen Bildern sind auch die übrigen Altanen versehen.

Der andere Theil dieses Gebäudes, welcher nach diesem erbaut worden, hat 260 Schuh im Umfang, mithin alles zusammen 800 Schuh. Die eine Façade gegen die Straße gleich jener, die schon verfertiget, bestehet aus 3 Hauptportalen mit 8 Toskanischen Säulen, über welche ebenmäßig eine Altane von mehr als 40 Schuh in der Länge befindlich, welche gleich den andern mit zwei aus Stein gehauenen Bildern, die eine den seriosen, und die andere den komischen

mischen Tanz vorstellend, und zwei antike Urnen zieren beide Ecken gedachter Altane, von van der Branden verfertigt. Bei dem Eingange durch das Portal ist ein mit Dorischen Säulen nach dem alten Geschmacke geziertes Vestibül, zu deren Rechten die steinerne Hauptstiege, zur Linken die Wohnung eines Aufsehers des Gebäudes, in der mitten aber ein Gang von 49 Schuh lang, der zu einigen Zimmern führt, in welchen bei nächtlichen Redoutenzeiten die auf ihre Herrschaften wartenden Bedienten sich aufhalten können. Hinter diesem Gange bis an die Theatermauer ist ein Magazin 56 Schuh breit und 53 Schuh lang, das zur Aufbehaltung der Decorationen des Theaters bestimmt ist. Die steinerne Hauptstiege, 58 Staffel hoch, führt in das Vestibül der zweiten Etage, welches ebenmäsig 10 Korinthische steinerne Säulen hat, mit verschiedenen Bachanalien und musikalischen Basrelief, von Herrn Hof-Stucaturer Bozzi in Stuckarbeit verfertigt, so wie auch die ganze Hauptstiege, Vestibule und Gänge mit Stuckaturarbeit gezieret sind. Aus diesem geht man rechter Hand in die zum Redoutensaale bestimmte Spielzimmer, in der Mitte aber geht man durch einen auf antike Art gezierten Gang in den großen Redoutensaal. Dieser ist 91 Schuh lang, 56 und ein halben Schuh breit, zwei Etagen hoch, und hat eine rings herum gehende Gallerie von 24 freistehenden Jonischen Säulen und so vielen Pilastern und Bögen. An dem eben so großen Plafond ist die Architektur mit einer röthlichten, die Basrelief und musikalischen Instrumente ins weise, und die antiken Rosetten in gelben Farben in Fresco gemalt, worauf in vier Medallion die Jahrszeiten, in den Ecken der Gallerie aber in der

Ver-

Verschalung die vier Welttheile vorgestellt sind. Der mittlere grose Medallion, der 27 Schuh breit und 42 lang ist, stellet auf einer Seite den Triumph des Bachus, und auf der andern das Bachusfest vor, an beiden Enden sind die zween Flüsse, der Rhein und Necker angebracht, welches von Herrn Professor Leidensdorff auf Basrelief=Art ins weise verfertigt; die auf aleische Art ins weise gemalte musikalische Trophéen von Herrn Hofmaler Kloz; das übrige aber von beiden Architektur= Hof= Theatralmalern, Anton Pincketti und Julius Quaglio, gemalt worden, nach der Zeichnung und Angabe des Herrn Hofkammerrath und Hof= Architekt von Quaglio, nach dessen Anordnung und Zeichnung das ganze Gebäude aufgeführt worden. Aus diesem Saale geht man in die neben zum Spiel bestimmten Zimmer, welche in dem neu erbauten anstoßenden Pavillon angebracht sind. Die Hauptstiege führt endlich in die Wohnungen des dritten Stockes und auf die Gallerie des Redoutensaales, welche der Bequemlichkeit der Zuschauer gewidmet ist.

Deutsche National=Schaubühne. In der Absicht, daß durch Künste und Wissenschaften der gute Geschmack in Mannheim erhalten werde, und dadurch dieser Stadt wahre Vortheile zufliesen möchten, haben Se. Kurfürstl. Durchl. die Errichtung dieser Schaubühne im Jahre 1779 gnädigst zu verordnen geruhet. Die Namen der meisten Mitglieder sind als gute Schauspieler bereits in Deutschland bekannt, und bestimmen den Werth der Mannheimer Nazional=Schaubühne, die überhaupt von Seiten des Geschmackes, der guten Ordnung und des äußeren Aufwandes, sich vor manchen vaterländischen Bühnen auszeichnet.

Zur Aufführung der Singspiele ist ein vollkommenes Orchester bestimmt, welches aus 26 Personen meistens mit vielen Talenten begabter junger Künstler besteht, und wird von den Herrn Wendling, Ritter und Danzy wechselsweis dirigirt. Korrepetitor Herr Einberger. — Die Oberaufsicht und Direction ist Herrn Concertmeister Fränzl aufgetragen.

Die Gesellschaft der Schauspieler besteht gegenwärtig aus folgenden Mitgliedern, deren Rollenfach, so viel sich solches bestimmen läßt, beigefügt ist.

Schauspielerinnen und Sängerinnen.

Mlle Beck, Liebhaberinnen.

Mlle Boudet, d. ä., Liebhaberinnen, Mädchens und Bäuerinnen im Lust- und Singspiel.

Mlle Boudet, d. j., angehende Rollen, Mädchens.

Mad. Nikola, zweite Mütter, Mütter und Mädchens im Singspiel, Wirthinnen, Bäuerinnen.

Mad. Renschüb, erste ernsthafte und hochkomische Mütter, Königinnen, Karakterrollen.

Mad. Ritter, Liebhaberinnen im Lust- und Trauerspiel.

Mlle Scheefer, erste Rollen im Singspiel.

Mlle Witthofft, Liebhaberinnen im Lust- und Trauerspiel.

Schauspieler und Sänger.

Herr Bakhaus, Bediente im Lust- und Singspiel.

— Beck, erste junge Liebhaber, Helden.

Herr

Herr Beil, komische, auch ernsthafte Våtter, Soldaten, Bediente, Bauern.
— Bock, Helden, Ehemänner, Karakterrollen, Våtter.
— Demmer, Våtter, Bediente, auch andere Rollen im Lust- und Singspiel.
— Eppe, erste Singrollen, und andere im Lustspiel.
— Frank, Chevalier, Bediente, Juden.
— Gern, Våtter, Bauern und andere Rollen im Lust- und Singspiel.
— Iffland, ernsthafte und komische Våtter, Karrikaturen.
— Kirchhöfer, alte Soldaten, Bauern.
— Leonhard, zweite Liebhaber, Bediente, chargirte Rollen im Lust-Schau-und Singspiel.
— Müller, Våtter- und andere Rollen im Lust- und Schauspiel.
— Renschüb, Raisonneurs, Liebhabers, Escrogs.
— Richter, Bediente und andere Rollen im Lust- und Schauspiel.
— Witthöfft, Alte.

Herr Julius Quaglio, Theater-Architekt.

Mad Meyer, Gardeobiere.
Herr Trinkle, Souffleur und Kopist.

Intendant, Se. Excell. Freiherr von Dalberg.

Regisseur, Herr Renschüb.

Sekretär und Kassen-Verwalter, Herr Sartori.

Liebhaber-Concert. Dieses wurde den 20. Nov. 1778 von Herrn Concertmeister Fränzl gestiftet, und wird diesen Winter hindurch mit der nämlichen Einrichtung, wie voriges Jahr, unter der Direction eines Ausschusses der abhonirten Gesellschaft gehalten. Da, außer mehreren vom Kurfürstlichen Hoforchester dahier zurück gebliebenen berühmten Meistern und vielen von solchen nachgezogenen geschickten Schülern, auch viele andere Liebhaber der Ton- und Singkunst (in allem 82 Personen) sich darin hören lassen; und bei dem hier ausgebreitetem feinen Geschmacke dieser Kunst ohnehin keine andere, als die auserlesensten neuesten Musikalien aufgeführet werden: so kann man nichts als die angenehmste Unterhaltung in dieser Gesellschaft erwarten. Dieses Concert wird alle Freitag den Winter hindurch gegeben.

Kurfürstliche Lotterie. Sie wurde den 15. Aug. 1764 von Sr. Kurfürstlichen Durchlaucht errichtet, und zur Sicherheit der Gewinnste ein beträchtliches Kapital von 300000 fl. nieder geleget, welches beständig und unzertrennt erhalten wird. Um das Vertrauen des Publici desto gewisser zu gewinnen, geschehen die Ziehungen unter dem Vorsize Sr. Excell. des Herrn Hofkammer-Präsidenten, Freiherrn von Perglas. Sie bestehet nach der Einrichtung der Genueser aus 90 Nummern, von welchen jedesmal 5 heraus gezogen werden, in deren Errathung und geschickten Verbindung das Glück des Spielers bestehet. Man spielet auf einfache und bestimmte Auszüge, Amben, Ternen und Quaternen. Der Einsaz wird bei einem einfachen Auszuge 15mal, bei einem bestimmten 75mal, bei einer Ambe 270mal,

bei einer Terne 5300mal, bei einer Quaterne 60000mal ausbezahlet.

Gedachter Zahlenlotterie haben Se Kurfürstl. Durchlaucht den 9. Nov. 1781 eine höchsteigene Klassenlotterie beigesellet und einverleibet, vermög deren vortheilhaften Einrichtung nur 1.1/4 Fehler gegen einen Treffer kömmt, wie aus dem vor Anfang jeder Lotterie bei allen Herrn Collectoren zu habenden Plane deutlich und annebst zu ersehen ist, daß nebst verschiedenen Haupttreffern zu 15000, 6000, 4000, 2000 und 1000 fl. eine Menge von 500, 400, 300, 200 und 100 fl. zu gewinnen sind.

Der General-Director von beiden Kurfürstlichen Lotterien ist der Herr Anton Huber, an den alle Fremde ihre Briefe addreßiren, und sich von ihm der geschwindesten und bestimmtesten Antwort versichern können.

Stückgieserei und Bohrhaus. Es wurde in dem Jahre 1762 angefangen. Das Gebäude steht an dem Walle neben dem Heidelberger Thor, dem Schlosse zu, und hat die Gestalt eines Triangels, in dessen Mitte ein schöner Hof ist. Zwei Flügel davon sind für Wohnungen, kleine Werkstätten und Ställe bestimmt, der dritte aber enthält das Gieshaus und das Bohrhaus. In dem Gieshause ist der Schmelzofen merkwürdig, in welchem mit sehr wenig Holz in kurzer Zeit eine beträchtliche Menge von Metall kann in Fluß gebracht werden. Die Aufsicht darüber hat das Gouvernement. Stückgieser ist Herr Speck, und Stückbohrmeister Herr Reichenbach.

Münzstätte. Wurde 1735 erbauet und stehet bei dem Heidelberger Thore. Die Schmelz-

und Glühfen, die Strecke, so mit Pferden getrieben wird, der Durchschnitt, die Justir-Maschine, die verschiedenen Auswürfe zum Prägen, die Prägwerke vor kleine Sorten, das Gränzelwerk rc. zeigen sattsam, wie wohl dieselbe eingerichtet ist. Es gereichet allerdings Sr. Kurfürstlichen Durchlaucht zu einem unsterblichen Nachruhme, daß in den Zeiten des siebenjährigen Krieges, in welchen Deutschland mit schlechten Münzen überschwemmt gewesen, Höchstdieselbe durch den angenommenen Münz-Conventionsfuß Dero Landen nicht allein mit den besten Sorten nach Erforderniß versorget, sondern auch durch die nachdrucksamste Befehle die geringhaltige und schlechte Sorten davon abgehalten haben. Der Münzrath und zugleich Münzmeister, Herr Schäfer, wie auch der Münzwardein, Herr Dietz, wohnen in der Münz, bei welchem sich diejenigen, welche Silber zu verschmelzen und zu verkaufen haben, melden können. Solches wird nach dem bestimmten Werthe vergütet.

Die beiden Gebrüder, Herren Schäfer, sind die Graveurs, und haben das Lob, daß sie ihre Kunst in recht hohem Grade ausüben.

Zucht- und Waisenhaus. Wurde im Jahre 1748 erbauet, und stehet an dem Walle, nicht weit von der neuen Casernen. Es sind über 80 Waisenkinder darin, denen hier die Erziehung und nach erlernten Handwerkern die Reise-Aussteuerung gegeben wird. Die Züchtlinge sind in entfernten Zimmern. In dem Hause sind verschiedene Fabriken, als eine Kartenfabrik, Leinen- und Wollen-Spinnereien, Leinen- und Wollenweberei rc. Mit diesem Hause ist die Lands-Fundt-Commißion verbunden.

den. Die Direction hat der Herr geheime Rath Babo, ohne dessen ausdrückliche Erlaubniß niemand hinein darf.

Heidelberg.

Diese Stadt liegt in einer der angenehmsten Gegenden an dem Necker, vier Stunden ober Mannheim, bei dem Austritte desselben aus den Gebirgen. Pfalzgraf Konrad aus der Schwäbischen Kaiserlichen Familie residirte im zwölften Jahrhunderte schon daselbst. Seit dieser Zeit hat sie viele und wichtige Veränderungen erfahren, und durch die häufigen Kriege, vorzüglich durch ihre gänzliche Zerstörung in dem Jahre 1693, sehr gelitten, zu welcher Zeit auch ihre Festungswerke sind geschleifet worden, so daß sie jezt nur mit einer Mauer umgeben. Sie ist sehr lang aber schmal, hat 5 Hauptthore, und wird in die Stadt und Vorstadt eingetheilet, welche leztere aus dem nahe dabei gelegenen Dorfe Bergheim entstanden. Sie hat 5 Hauptpläze und Märkte, und mehr als 20 öffentliche Brunnen, die wegen ihrem vortrefflichen Wasser weit und breit berühmt sind. Man zählet darinnen 4 Manns- und zwei Frauenklöster, nebst ihren Kirchen. Das Jesuiterkollegium ist dermalen den Lazaristen übertragen. Außer dem die Kirche zu St. Peter, in welcher die Grabschrift der berühmten Olympia Fulvia Morata zu lesen, eine schöne Evangelische, und vorzüglich die berühmte heilige Geists-Kirche, in welcher auch vormals die bekannte Heidelberger Bibliothek gestanden, und die Kurfürstlichen Begräbnisse gewesen. Ferner hat sie ein Rathhaus, Universität, Anatomie, botanischen Garten, ein Katholisches, Evangelisches, Re-

formirtes, auch militarisches Hospital, das Deutsche Haus, die Sapienz, die Neckerschule, einen großen Paradeplaz u. s. w. In der Stadt haben von den Kurfürstl. Corporibus der Reformirte Kirchenrath, das Evangelisch-Lutherische Consistorium, das Ehegericht und die geistliche Administration ihren Siz.

Universität, ist die älteste in Deutschland, und wurde 1386 gestiftet. Von derselben rühren folgende Einrichtungen her.

Die Bibliothek wurde bei Gelegenheit der vierten Jubelfeier aus dem dritten Stockwerke des Universitätsgebäudes in das untere Stockwerk versezt, wo zwei geräumige Säle dazu eingerichtet wurden, daß sie daselbst aufgestellt werden konnte. Zwischen denselben befindet sich noch ein Zimmer, welches für diejenigen bestimmt ist, welche die Bibliothek Mitwochs und Samstags Nachmittags, als an welchen Tagen dieselbe zum Gebrauch der Herren Academicorum offen stehet, besuchen wollen. Ihren Ursprung hat diese Bibliothek der Freigebigkeit des Kurfürsten Johann Wilhelm zu verdanken, welcher im J. 1703 die Bibliothek des berühmten J. G. Gravius kaufte, und dieselbe der Universität schenkte. Hierauf erhielt dieselbe zwar von Zeit zu Zeit einigen Zuwachs; am ansehnlichsten aber wurde sie im J. 1786 vermehrt, so daß sich die Anzahl der Bände gegenwärtig über 12000 beläuft. Bibliothekverwalter ist Herr Pflaum.

Bei derselben Gelegenheit wurde auch das Physikalische Kabinet, welches seine Errichtung dem berühmten Herrn Mayer, gewesenen Jesuiten, zu verdanken hat, aus dem vormaligen Jesuitenkollegio in das Universitätsgebäude verſezt, wo die dazu eingerichteten 2 Zimmer an das ſchon daſelbſt vorhandene Naturalienkabinet ſtoſſen, und jezt mit demſelben vereiniget ſind. Die Aufſicht darüber hat Herr Profeſſor Schwab.

Der botaniſche Garten, welcher zu den älteſten botaniſchen Gärten in Deutſchland gehöret, ſteht unter der Aufſicht des Herrn Prof. Gattenhof. In demſelben befinden ſich ſehr viele einheimiſche und ausländiſche Pflanzen, wie man aus der Beſchreibung, welche gemeldter Herr Profeſſor davon heraus gegeben hat, mit mehrerem erſehen kann.

In dem anatomiſchen Theater, welches mit einem auserleſenen Inſtrumentenvorrath verſehen iſt, ertheilt jezt Herr Prof. von Oberkamp Unterricht. Die Cadaver aus den drei Hoſpitälern müſſen zur Section dahin abgeliefert werden.

Staatswirthſchafts Hohe Schule.

Wurde 1774 in Lautern unter dem Namen Cameral Hohe Schule errichtet, hierauf vermöge gnädigſten Reſcripts von 9. Aug 1784 den darauf folgenden October nach Heidelberg verlegt, und mit dhieſiger Univerſität vereinigt. Der Hauptgegenſtand der daſelbſt gehaltener Vorleſungen iſt, junge Herren, die ſich zu den Geſchäften der innern Landes-Regierungen, den Finanz-Collegiis, und den dieſen Collegiis untergeordneten Aemtern fähig machen wollen, die wahre Anleitung zu geben. Se. Churfürſtl. Durchl. als höchſter Stifter dieſer Hohen Schule, haben zur Unterhaltung derſelben und zur Vermehrung der Kabinette einen beſtimmten Fond aus höchſt eigenen Caſſen jährlich angewieſen, auch ihr das ehemalige von Freudenbergiſche Haus

Haus gnädigst geschenkt, und in demselben sind folgende, ihr zugehörige Kabinette aufgestellt.

Physikalisches Kabinet. Der Anfang zu demselben wurde zwar 1774 in Lautern gemacht, die vorzüglichste Vermehrung aber seit dem Herbst 1786 vorgenommen. Es ist in dem mittleren Stocke, neben dem, den öffentlichen Vorlesungen der Churpfälzischen ökonomischen Gesellschaft bestimmten Saale aufgestellt, worin man die vorzüglichsten Instrumente zur Erklärung der Naturlehre findet, deren Anzahl noch immer vermehrt wird.

Naturalien=Kabinet. Wurde 1774 erkauft, und seit der Zeit ansehnlich vermehrt. Es ist in dem untern Stocke in etlichen Zimmern aufgestellt, und den Vorlesungen über die Mineralogie vorzüglich gewidmet.

Bibliothek. Der Anfang hiezu wurde zwar 1770 gemacht, die eigentliche Vergrößerung aber fieng 1774 an, die nun seit dem Sommer 1787 eifrigst fortgesezt wird. Sie steht in dem grossen Saale im untern Stocke, neben dem Naturalien=Kabinet, und beschränkt sich bloß auf jene bei dieser Hohen Schule vorgetragene Wissenschaften, nämlich Natur= und Völkerrecht; reine und angewandte Mathematik; Baukunst; Naturgeschichte in allen ihren Theilen; Chemie; Landwirthschaft; Forstwissenschaft; Bergwerkswissenschaft; Vieharzneikunde; Technologie; Handlungswissenschaft; Statistik; Finanzwissenschaft; Policey und Staatswirthschaft. Die Zahl der Bände belief sich zu Ende Oktobers 1787 über 3400 Bände. Neben daran ist das Lesezimmer, und die Bibliothek ist alle Mitwoch dem öffentlichen Gebrauche bestimmt.

Mo=

Modellen-Kabinet. Wurde 1777 von Sr. Churfürstl. Durchl. den Schreberischen Erben abgekauft, und der Hohen Schule geschenkt. Noch zur Zeit ist es neben dem Lesezimmer der Bibliothek aufgestellt, und den hierzu geeigneten Vorlesungen bestimmt.

Chymisches Laboratorium. Seit 1774 hat man angefangen, den Apparat hierzu anzuschaffen, und ist der linke Flügel des staatswirthschaftlichen Hauses dazu eingerichtet worden, wo außer einem sehr geräumlichen Laboratorio noch ein Zimmer sich befindet, in dem die hierzu erforderliche Sachen aufbewahret werden. Es ist den Vorlesungen, vorzüglich der technischen Chemie gewidmet.

Director sämmtlicher Kabinette ist Herr Hofrath und Professor Suckow. Bibliotheks-Custos Herr Hofkammerrath und Professor Semer.

Physikalisch-ökonomische Gesellschaft. Wurde im August 1770 bestättigt, nachdem schon ein Jahr vorher einige Einwohner von Lautern, und der benachbarten Gegend zu einer solchen sich vereiniget hatten. Im Herbste 1784 ward sie ebenfalls nach Heidelberg verlegt. Ihre Churfürstliche Durchlaucht, die gnädigste Frau, sind Protektorin, und Se. Hochfürstliche Durchl. der jezt regierende Herzog von Zweibrücken, Carl der Zweite, Präsident derselben. Die Gegenstände ihrer gelehrten Untersuchungen sind jene bei der Staatswirthschafts Hohen Schule vorgetragene Wissenschaften. Winters versammelt sie sich 7 mal in dem großen Saale des staatswirthschaftlichen Hauses, wo jedesmal öffentliche Vorlesungen sind, zu denen jeder einen freien Zutritt hat. Beständiger Secretär ist Herr Hofrath und Professor Suckow.

Begräbnißgruft des Hochsel. Prinzen Friedrichs. Es verdienet jener prächtige Sarg bemerkt zu werden, der in der Pfalzgräflichen Begräbnißgruft in dem hiesigen Karmeliterkloster befindlich ist, welche Se. Kurfürstl. Durchl. im Jahre 1769 dem durch seine Heldenthaten sowohl, als durch seine Menschenliebe unsterblichen Prinzen Friedrich von Pfalz-Zweibrücken verfertigen lassen.

Der Sarg selbst besteht aus dem Sockel, dem eigentlichen Sarg, und dem Deckel desselben.

Der Sockel ist aus Kriegsarmaturen, als aus Schilder, Kanonen, Bombenkesseln, Kugeln, Fahnen, Standarten zusammen gesezet, auf welchen bald Kaiserliche Adler, bald Pfälzische Löwen, gleichsam wie eingestickt, zu sehen sind.

Auf diesen ruhet der 10 Fuß lange, und von dem feinsten Englischen Zinn gegossene Sarg. Vier Consolen dienen seine beiden Seiten zu stüzen. Den Schluß des Sargs macht ein mit Cypressenlaub bekleidetes Gesims.

Auf dem Deckel erheben zu beiden Seiten halb vermoderte Todenköpfe ein reiches Gewand mit Franzen. Das Gewand ist zu beiden Seiten aufgebunden, und mit Lateinischen Inschriften gezieret. Oben am Kopfe ist das Hochfürstlich-Zweibrückische Wappen mit dem Großkreuze Maria Theresia Ordens, und mit dem goldenen Vliese umgeben. Ueber dem Deckel liegt ein prächtiges Kissen mit Quasten, auf welchem der Degen, die Scheide, der Reichsfeldmarschallsstab, die Ordenszeichen, der Fürstenhut, und unten daran ein in seiner gehörigen Größe abgemessenes Kreuz, ganz zu unterst aber ein Todenkopf.

Alle Verzierungen dieses Sarges sind sein vergoldet, das Zinn aber schön weiß polirt. Die

Erfindung ist von dem Herrn Oberbau-Director von Pigage, der Hofbildhauer aber, Herr Link, hat ihn modellirt, gegossen und gänzlich ausgearbeittet.

Schloß und Garten. Vormals waren zwei Schlösser hieselbst. Das ältere, so etwas höher auf dem Berge gelegen, ist schon 1535 den 26. April durch einen Wetterstral zerstöret worden, so daß nichts mehr davon übrig, als ein gepflasterter Weg, der dahin geführt. Das neuere liegt etwas tiefer auf einem Hügel über der Stadt. Es wird dessen mit dem ältern schon 1329 gedacht. In folgenden Zeiten aber ist es nach und nach vergrößert worden. Vorzüglich hat Kurfürst Otto Heinrich und Friedrich IV. gegen Morgen und Mitternacht die prächtigsten Gebäude nach damaliger Art aufführen lassen, wovon das erste mit alten Bildsäulen gezieret, und das leztere mit den Statuen der Durchlauchtigsten Vorfahren Friedrichs IV pranget. Dieses berühmte Schloß hat aber auch eine Menge von Widerwärtigkeiten erfahren. Im Jahre 1693 wurde es beinahe ganz in die Luft gesprenget, und was nachher an den Gebäuden Otto Heinrichs und Friedrichs IV ausgebessert worden, den 24. Juni 1764 durch einen Wetterstral angezündet und abgebrannt, so, daß jezo nichts mehr als die Mauerwerke zu sehen sind, außer der Schloßkapell, welche wieder ausgebessert worden, und die ein vortreffliches Altarstück zieret, die Taufe Johannis, so Kenner dem berühmten Schönians zueignen. Auch siehet man hier das bekannte Heidelberger Faß, so 1751 unter der jezigen Kurfürstl. Regierung erbauet, 30 Fuder mehr, als das alte und baufällig gewordene, hält.. Von dem mit er-
staun

staunenden Kosten von Kurfürsten Friedrich V angelegten Schloßgarten ist nichts mehr als die vortreffliche Lage und die Ruinen einiger daselbst befindlichen Grottenwerke übrig. Auch das Echo, welches viele Worte hinter einander deutlich nachspricht, verdienet eben daselbst bemerkt zu werden.

Savonerie-Fabrik. Im Jahre 1763 wurde auf dem Schlosse eine Manufaktur von wollenem Zeuge angelegt, die man Savonerie zu nennen pflegt, weil diese künstliche und prächtige Arbeit ihren Ursprung aus Savona hat. Es werden die schönsten und lebhaftesten Figuren, nach der Natur und mit lebendigen Farben in Tapeten, Teppiche ꝛc. gewirket. Bei dem 1764 erfolgten Brande des Schlosses haben die Gerätschaften kaum gerettet werden können, und seit dieser Zeit ist diese Manufaktur in das so genannte von Jungwirthische Haus verlegt worden. Unternehmer ist Herr Peter Jesse, der jezt auch sehr schöne Camelotte, nach Art der Brüsseler, von Angora-Geißen-Haaren fabriciret.

Seiden-Fabrik. Wurde im Jahr 1782 von Herrn Johann Peter Rigal errichtet und befindet sich in einem besondern Hause in der Vorstadt. Der daran stoßende Herrengarten ist theils mit Maulbeerbäumen bepflanzt, und theils mit Seidenspinnerei-Gebäuden, die jährlich vergrösert werden, bebauet. Die jezigen Eigenthümer sind die Herrn Rigal Jun. und Compagnie, deren Hauptbeschäftigung ist den Seidenbau in Kurpfalz allgemein zu machen, und die erzielte Seide in das schönste Gespinst zu verwandeln. — Außer diesem haben sie auch eine Fabrike von seidenen Strümpfen und flokretseidenen Tüchern.

Wachs-

Wachswaaren, Lichter= und Seifen=
Fabrik wurde im Jahre 1769 von einer Gesell=
schaft unter dem Namen Ernst und Compagnie
mit besondern Privilegien Sr. Kurfürstlichen
Durchl. eigenthümlich übernommen, welche
diese Wachsbleiche und Manufaktur in weitläuf=
tigen Gebäuden auf den ehemaligen Schonbur=
gerhof in der Vorstadt ganz neu angeleget hat.
In dieser Fabrik wird nicht nur das Wachs auf
das schönste weis gebleichet, sondern auch alle
mögliche Gattungen von weißen und gelben
Wachswaaren, wie auch Danziger Lichter und
marmorirte Seife verfertiget.

Papierne Tapeten=Fabrike. Sie ward
im Jahre 1768 angeleget, und hat das vorzüg=
liche, daß hier nach den Modellen der Zizfabrik
gearbeitet wird. Unternehmer ist Herr Com=
merzienrath Weidenhahn.

Frankenthal.

Ist die dritte Kurpfälzische Hauptstadt, zwo
Stunden von Mannheim, und eine Stun=
de von Ogersheim, in einer ebenen und frucht=
baren Gegend gelegen. Diese Stadt, welche in
Kriegszeiten sehr viel gelitten, scheinet ihrem
vorigen Glanz und Flor wieder nahe zu seyn.
Solche ist gegenwärtig der Siz vieler im besten
Gange stehender Fabriken, als wozu Se. Kur=
fürstl. Durchl. unser theuerster Landesvatter,
nicht allein verschiedene ansehnliche Gebäude
erbauen lassen, sondern auch den allda sich nie=
dergelassenen, und noch niederlassenden Fabri=
kanten und Künstlern, unter dem 2. Mai des
1771sten Jahres sehr vortheilhafte Privilegia,
gnädigst ertheilet, die im Jahre 1786 mit vie=
len neuen Begnädigungen vermehret worden
sind.

sind. Auch ist zur Bequemlichkeit der Handlung, nebst denen sich schon allda befindenden schönen Chausseen, ein schiffreicher Kanal von gedachter Stadt bis in den Rhein gezogen, der mit zwei unvergleichlichen Hauptschliesen, einem Krahnen und Lagerhaus versehen ist.

Porcelain=Fabrik wurde 1755 auf Rechnung des Herrn Hanong von Straßburg errichtet, und 1762 übernahmen solche Se. Kurfürstl. Durchlaucht. Es sind würklich über 60 Arbeiter, und unter diesen sehr geschickte Bildhauer, Possirer und Maler, die auf Kurfürstl. Kosten gereiset sind. Sie hat ein vortreffliches Waarenlager allhier, auch eines zu Mannheim unter dem Kaufhause, und zu Frankfurt in dem Nürnberger Hof, so aber nur zur Meßzeit offen ist.

Wollentuch=Fabrik wurde im Jahre 1760 von Herrn Daniel Bechtel, Rathsverwandten und Burgermeister zu Frankenthal, angelegt; solche ist aber dermalen mit der Wollenzeug=Fabrike vereiniget, und wird von Herrn Speyerer und Compagnie fortgeführet.

Tabaks=Fabrik wurde 1763 unter dem Namen des Herrn Broignart und Compagnie errichtet; die dermalige Entrepreneur aber sind Herr Wilhelm Weber und Compagnie.

Wollenzeug=Fabrik entstund im Jahre 1768, und ist dermalen mit der Wollentuch=Fabrike vereinigt.

Seiden=Fabrik ist 1766 auf Kurfürstliche Kösten angelegt, und den 1. Sept. 1770 hieher gebracht worden. Gegenwärtig wird sie unter dem Namen der Kaufleute Herren Daniel van Bihl und Fries fortgeführet.

Band=Fabrik hat Herr Francois Petit aus eigenen Mitteln 1770 angelegt. Der dermalige

Entrepreneur ist Herr Bouvard und Compagnie, welcher solche mit der Gold- und Silber-Gazen- auch Seidenflor-Fabrik vereiniget hat.

Gold- und Silber-Drathzieherei wurde im Jahre 1770 vom Herrn Matthäus Schleich errichtet. Der dermalige Eigenthümer davon ist aber Herr Karl Andreas Agricola.

Stärk-und Puder-Fabrik wurde im Jänner 1771 von Herrn Bauer angelegt.

Schmier-Seifen-Fabrik hat Herr Hocke aus Mainz im August 1771 errichtet.

Wollene Strumpf-Fabrik ist von Herrn Sauerwein und Fries im Juni 1772 hieher gebracht worden; der dermalige Entrepreneur ist Herr Wilhelm Kitz.

Siegellack-Fabrik ist von den Herren Gebrüdern Bruckmann im Augustmonate 1772 errichtet worden; solche liefert sehr gute Waaren, und hat in- und außer Land schon einen ziemlichen Abgang. Unternehmer ist Herr August Kirchner.

Steck- und Haarnadeln-Fabriken, deren befinden sich zwei hier, wovon die Inhaber sind: Anton Brennauer, und Johann Philipp Nebling.

Seiden-Strumpf-Fabrike wurde im Jahre 1785 von Herrn Hauchar und Compagnie angelegt.

Seidenfärberei wurde ebenfalls den 1sten Sept. 1770, gleichwie die Seidenfabrik von Mannheim nach Frankenthal verlegt. Der Vorsteher derselbigen und Seidenfärber ist Herr Anton Papillon.

Wollenzeug-Färberei. Hiezu ist 1770 ein sehr schönes Gebäud erbauet worden. Der Vorsteher derselben ist Herr Speicter und Compagnie.

Elisabethen-Hospital ist ein großes ansehnliches Gebäud, darinnen befindet sich eine Deutsche Kinderschule, eine große Spinnschule für die Wollenzeug-Fabrike, und ein wohl eingerichtetes Krankenhaus für 12 bis 13 Better.

Maulbeer-Bäumen-Plantage, so dem Hospital eigenthümlich, woraus eine ansehnliche Quantität Seiden jährlich erzielet wird.

Silber-Composition-Gieserei, woraus Schnallen, Beschläge, Löffel und sonstige Stücke, wie in Silber, verfertigt werden, ist von Hrn. Petit-jean vor einigen Jahren errichtet worden, und wird von ihm mit allgemeinem Beyfall fortgeführt.

Glocken- und Metallgieserei wurde von Georg Schräder vor einigen Jahren errichtet.

Buchdruckerei wurde von Herrn Bernhard Friedrich Ludwig Gegel im Jahre 1774 allhier errichtet.

Kattun- und Leinen feine Blaudruckerei wird seit einigen Jahren von Johann Schuck betrieben.

Schnallen-Herzer-Fabrike ist von Herrn Berger angelegt worden, und wird von ihm stark betrieben.

Holländische Frucht-Eßigsiederei oder Fabrike wurde 1775 von Herrn Philipp Bauer und Gebrüder Heidweller errichtet, und wird von diesen Unternehmern sehr stark betrieben.

Papier-Tapeten-Fabrik wurde von Hrn. Joseph Nockin errichtet.

Maschinen-Saal ist ein großes der Seidenfabrik anstoßendes Gebäud. In solchem befinden sich 1) zwei Cylinder, auf welchen allerhand Zeuge und Stickereien einen unvergleichlichen Glanz bekommen.

2) Eine mit vier verschiedenen Mustern versehene Damaskir-Maschine.

3) Eine große Mange, vermittelst welcher alle seidene und zum Wässern taugliche Zeuge moiriret oder gewässert werden können. Der über diese Maschinen bestellte Aufseher und Moireur ist Herr Balthasar Silva.

Ferner ist im Jahre 1780 ein Kurfürstliches Erziehungshaus für junges Frauenzimmer protestantischer Religion errichtet worden, welches durch seine treffliche Einrichtung, und landesherrliche Unterstützung sich schon ein ziemliches Ansehen und allenthalbigen guten Ruf erworben hat. Es befinden sich wirklich 34 Zöglinge darin. Die Vorsteherin desselben ist Madame Bertrand, geb. von Osterwald von Neuschatel.

Alle obgemeldte Fabriken und Anlagen stehen unter einer gnädigst angeordneten unmittelbaren Commißion, vor welcher mit Beiziehung der Herren Fabrikanten und Kaufleute alle Fabriken-Handlungs-Vorfallenheiten und Streitigkeiten geschlichtet werden. Der Fabriken-Agent ist Herr Deville.

Schwezingen.

Kurfürstliche Sommer-Residenz drei Stunden von Mannheim gelegen. Das Schloß ist alt und hat weniger Ansehen als Bequemlichkeit. Hinter demselbigen, an dem Garten, haben Se. jeztregierende Kurfürstliche Durchlaucht zwei Flügel in Form eines halben Zirkels bauen lassen, welche mehr als 600 Schuh lang sind. Ihre Bauart ist zierlich und von Dorischer Ordnung. Im linken Flügel derselben ist das Comödienhaus, welches im Jahre 1752 Herr von Pigage aufgeführet, und woran die schöne Form des Theaters, die in die Höhe künstlich angebrachte Logen, die ganze Proportion und Bauart besonders merkwürdig.

Lustgarten. Das allermerkwürdigste aber bei diesem Lustschlosse sind die hinter demselbigen befindliche Kurfürstl. Gärten, alle ganz neu angelegt, und durch Karl Theodor in den herrlichsten Stand gesezet. Die mannigfaltige Verschiedenheit der Theile, der ganze Plan und die Außführung desselbigen; die schöne Außsicht für das Aug, welches sich in die Ferne verlieret, die Abwechselung der Wildniß mit dem angebauten Erdreiche; die Größe der Kunst, welche Natur zu seyn scheinet; regelmäsige Alleen, kurz, alles was zur Vollkommenheit eines Gartens gehöret, ist hier vereiniget. Aus der Allee kommt man in ein Gebüsch; aus diesem unter eine Laube, nicht weit davon in ein Parterre, und dann in einen Wald von Orangerie. Jede Stellung verändert die Art des für das Aug entzückenden Gegenstandes. Bald siehet man einen erhabenen Tempel und Säulen, bald ein grünes Theater; hier Fontainen und Wasserfälle; dort Pyramyden und Statuen. Bald kommt man zu Bädern, bald an einsame Oerter. In der Mitte ist ein Weiher, zur Linken ein Baum=und zur Rechten ein Thiergarten. Auf einer Seite erblicket man entfernte Wälder und Gebirge, auf der andern, wo das Aug mehr eingeschränket, einen dichten, grünen, und mit Statuen gezierten Spaziergang.

Dieser Garten begreift 180 Morgen in sich, und soll noch einmal so gros werden, wann er bis auf die so genannte Sternallee erweitert seyn wird.

Mittlere Theil. Enthält 1) Terassen, im Angesichte des Schlosses, 300 Schuh breit, mit Gefässen und Statuen gezieret.

2) Das

2) Das große Parterre, welches mit schönen Alleen besezt ist. Es hat die Gestallt eines Zirkels, welchen zur einen Hälfte obgedachte zween Seitenflügel, zur andern aber zween große mit Bäumen bewachsene und bedeckte Gänge bilden. Mitten in diesem ist ein großes rundes Baßin, von 100 Schuhen im Durchschnitte, und vier andere kleinere ovale Baßins in den vier größten Abtheilungen desselben. Alle diese Baßins sind voll Springbrunnen oder Gruppen von bronzirtem Blei und vortrefflicher Arbeit. Zu Ende dieses Parterrs ist ein anders Baßin mit einem Wasserfalle, wo das Wasser sehr reichlich aus zween von Herrn von Verschaffelt verfertigten Hirschen springet. An beiden Seiten desselben steigt man in eine ganz geringe Tiefung herab, deren Eintritt mit Gefäßen von bronzirtem Blei gezieret ist. Von da kommt man zu beiden Seiten wieder zu Terrassen, in deren vier Ecken sich die vier Elemente in liegenden, von Herrn von Verschaffelt verfertigten Figuren, darstellen. Schöne grüne Gänge sind gleichsam der Rücken dieser Terrassen, und endigen den Zierrath des Baßins.

3) Hinter diesen bedeckten Gängen sind auf beiden Seiten zwei auf Englische Art eingerichtete kleine Buschwerke, beide von verschiedener Art. Man trift darin Kabinetter, grüne Säle, Baßins, Statuen, Busten und Gefäße an. In dem zur Linken erblicket man einen Tempel der Minerva von Korinthischer Ordnung. Auch findet sich darin ein Baßin. In dem zur Rechten soll ebenfalls noch ein Tempel des Cupido erbauet werden.

4) Die großen Buschwerke zu beiden Seiten sind von den kleinen Englischen, mit denen sie in gerader Linie laufen, bloß durch eine große

Merkwürdigk. d Allee

Allee in die Quere abgesondert. Sie sind von vermischtem Geschmacke, und angenehm mit grünen Sälen und Kabinettern, auch verschiedenen Statuen ausgezieret. In dem zur Linken stehet ein Monument, dessen Lateinische Aufschrift zu erkennen gibt, daß man im Jahre 1765 bei Bearbeitung dieses Plazes im Graben eine Menge Urnen, Gefäße, Instrumenten, Gebeine und alte Waffen gefunden; woraus die Muthmasung entstanden, daß, so wie nunmehro dieser Ort dem Pracht und dem Vergnügen gewidmet, er ehemals den streitbaren Römern und Deutschen zur Grabstätte gedienet habe. Jenseits der großen Gebüsche kommt man an einen großen Teich, welcher 1100 Schuh lang und 230 breit, und gänzlich mit einer Mauer von ausgehauenen Steinen umgeben ist. Gegen der Mitte des Gartens stellen auf dieser Mauer vier liegende Statuen, Colossischer Größe, die Donau, den Rhein, die Maas und die Mosel, als vier durch die Kurpfälzische Lande fliesende Hauptflüsse, vor. Auch wird um diesen Teich ein Rasen, eine Allee und ein Kanal gezogen werden.

5) Ein Lustgehölze jenseits desselben, wo schlängelnde Wege unter abgesönderten Baumgruppen zu mehreren Aussichten in die angränzende Landschaft hinführen, beschliesen den Garten.

Zu beiden Seiten dieses Hauptgartens finden sich wieder besondere Abtheilungen, und zwar ein Orangerie-Garten, mit einem Kanal umgeben, sodann das Gebäud für die Orangerie, 700 Schuh lang, welches von einer zwar gemeinen, aber für das Aug angenehmen Bauart. Unter den Bäumen selbst sind sehenswürdige Stücke. Das kleine Buschwerk, welches unten an den Orangerie-Garten anstoßet, und eine lebendige Schaubühne enthält. An derselbigen ist eine aufgeworfene Anhöhe von rauhen und wilden Felsen, auf welchen man zu einem prächtigen Tempel des Apolls von Jonischer Ordnung hinauf steiget.

An dem Fuße dieser Anhöhe, zur rechten Seite, befindet sich das Badhaus. Die Architektur ist nach Dorischer Ordnung, einfach und schön. Die innere Verzierungen machen mehr Ansprüche auf Geschmack als Pracht. Schöne Gemälde, Figuren, Basreliefs, und die übrigen Architektur-Verzierungen, so ganz zum Gegenstande passend, erhielten öfters der Kenner Lob. Hier siehet man ferner künstliche Gitterwerke; reich verzierte Nischen mit Basreliefs und andere Zierathen; Vogelbäuer mit fremden und einheimischen Vögeln; springende Wasser ꝛc. Am Ende eines gewölbten Ganges erblicket man durch die Oeffnung einer dunkeln Grotte weit entfernte Gebürge, Wälder, Landhäuser, einen ausgebreiteten See mit reizenden Inseln ꝛc. Es ist ein Gemäld, das diese Gegenstände bis zur Täuschung vorstellet.

Auf der nämlichen Seite schließet ein Arboretum die Gränzen des Gartens. Es enthält eine zahlreiche Sammlung von in- und ausländischen Bäumen, ist im natürlichen Geschmack angelegt, und hat in seinem kleinen Umfange gewisse Reize, die dergleichen Anlagen vorzüglich empfehlen. Am Ende desselben erhebet sich ein runder Tempel auf einer kleinen Anhöhe, der Botanik gewidmet. Am Eingange ruhen 2 Sphinxe auf erhabenen Sockeln. Die Thüre zeichnet sich vorzüglich in ihren guten Verhältnissen und in ihren reichen, mit Geschmack angebrachten Verzierungen vom einfa-

chen all, sehr vortheilhaft aus. Das Innere zieren große Nichen, und diese wieder fleißig gearbeitete allegorische Vasen von Karrarischen Marmor, eine weibliche Figur mit einer Rolle in der Hand, worauf man lieset: CAROLI LINNEI SYSTEMA PLANTARUM, (ebenfalls von Marmor) füllet die Nische gegen der Thüre über. In Vertiefungen siehet man vier Opferaltäre mit Blumen, Früchten und Garteninstrumenten gezieret; in der Höhe die Bildnisse des Theophrast, Plinius, Turnefort und Linnée; die vier Jahrszeiten; die zwölf Himmelszeichen in Basreliefs ꝛc.

Noch erhabener, und im Hintergrunde dieses Gartens stehen Ueberreste einer zerfallenen Wasserburg mit ihren ruinirten Wasserleitungen (Aquedux), worunter noch eine Wasser zum Gebäude hinleitet, das sich aber, weil es in den nicht mehr bestehenden Behältern Aufenthalt findet, unter heftigem Geräusche die Mauern durchwühlet, und in den unter dem Gebäude hinfließenden Bach stürzet. — Mehrere Felsengruppen, auf einer derselben sich eine Pyramide erhebt, geben der Scene das ernsthafte Ansehen, die es fordert.

Auf der linken Seite des Gartens findet man ein beträchtliches Gebäude, das eine Türkische Moschee vorstellet. Zwei sehr hohe Thürme (Minaret) ganz von gehauenen Steinen erbauet, bekleiden die vordere Seite des Tempels. Hinter demselben ist ein Vorhof und die Grabmäler ihrer Propheten, umgeben von einem bedeckten Säulengang, an welchem verschiedene Bethhäuser und Wohnungen Türkischer Priester angränzen, die so wie die übrigen Gebäude im orientalischen Geschmacke ausgezieret werden.

An diese Moschee gränzen Gebüsche, untermischt von hohen Bäumen, die sich nach und nach öffnen, und eine malerische Durchsicht auf einen ländlichen See, nach einem gegen über liegenden Hügel, von hohen Bäumen bewachsen, hinter welchen die Trümmer eines dem Merkur geweihten Tempels hervorreichen, und nach einem entfernten, außer den Gränzen des Gartens liegenden Waldes, gewähren. Diese Aussicht dürfte wohl in der Folge den Vorzug im ganzen Schwezinger Garten erhalten.

Auf eben der Seite, gleich hinter dem grossen Flügel und Speisesaale, befindet sich 1) ein Englisches Buschwerk, darin allerlei Zierathen künstlich angebracht sind. 2) Gemüsegärten mit ihren Behältnissen für die Frühgewächse und ausländische Früchten und Pflanzen. 3) Der große, auf Holländische Art eingerichtete Baumgarten, in dessen Mitte eine große Gnomonische Säule zu stehen kommt.

Alle diese Gärten sind von der Erfindung und Anordnung des Herrn von Pigage, Sr. Kurfürstl. Durchl. Oberbau-Directorn.

Ogersheim.

Lust-Schloß. Dieses eine starke Stunde von Mannheim jenseits des Rheins gelegene Schloß haben nach Ableben des Pfalzgrafen Friedrichs von Zweibrücken Hochfürstl. Durchlaucht Ihre Kurfürstliche Durchlaucht die Frau Kurfürstin an sich gebracht und völlig neu einrichten lassen; wie denn Höchstdieselbe seit dieser Zeit den größten Theil des Sommers und Spatjahrs daselbst zu zubringen pflegen. Das ganze weitläuftige Gebäude ist überhaupt bequem und niedlich eingerichtet. Ordnung,

Reinlichkeit, und gute Uebereinkunft zeichnen sich überall, besonders aber in dem von Herrn Brenckmann ausgemalten Speisesaal, ferner in einem andern mit bronzenen Medaillons und marmornen Brustbildern versehenen Saal und in dem mit vorzüglichen Geschmack und Römischen Abzeichnungen gezierten Gesellschafts=saal aus; was aber vor allem gesehen zu werden verdienet, ist der auf den Obstgarten stossende Winterflügel, wo geschmackvolle Ein=theilung, ausgesuchte Bearbeitung und stiller Pracht um den Vorzug streiten. Das aus altem Lacke gefertigte, mit Bronze, marmornen Brustbildern und Bildsäulen, auch einem vom berühmten Guibal gemalten Deckenstücke gezierte Kabinet ist eines der kostbarsten in seiner Art, so wie ein anders über der Terrasse gelegenes das Niedlichste, und wegen seiner herrlichen Aussicht vorzüglich angenehm ist.

Schloß=Garten. Der Garten ist nach und nach angeleget und vergrößert worden, und bestehet aus drei an einander hangenden Parthien. Der hinter dem Hauptgebäude liegende Lustgarten ist sehr abwechselnd, und mit einem von Herrn Brenckmann bemalten Chinesischen Pavillon gezieret, an welchem ein langer, mit doppelten Alleen besezter und in einen Wald sich verlierender Kanal anstoßet. Der hinter dem oben angezeigten Winterflügel angelegte Obstgarten pranget mit einem schönen Orangerie=Gebäude. Das marmorne herrliche Badhaus liegt in dem untersten Theile des Gartens mitten in einem mit vielem Geschmacke angelegten Lustwäldchen, und hat die Aussicht auf die daran stoßende, an Gold= und Silber=Fasanen, auch sonstigem Geflügel reiche

che Menagerie. Eine halbe Stunde von diesem Schloße liegt ein weitläuftiger, mit vielen Abwechselungen schön angelegter und wohl unterhaltener Fasanengarten.

Lautern.

Siamois Manufaktur. Sie wurde zu Anfang des Nov. 1771 unter der Aufsicht der Kurpfälzischen ökonomischen Gesellschaft aus patriotischer Absicht, den Unterthanen in den müßigen Wintertagen Arbeit zu verschaffen, errichtet, nachdem sie vorher ein gnädigstes Privilegium darüber erhalten. Die Flachs- und Baumwollen-Spinnerei ist beträchtlich. In ihrem eigenen Manufaktur-Hause, das sie im Sommer 1785 bezogen, hat sie dermalen 19 Weberstühle, aber mehr als 60 in der Stadt und auf dem Lande wohnende Weber, die beständig für sie arbeiten.

Ihre Firma ist Karcher und Compagnie.

Merkwürdige Alterthümer.

Bei Schriesheim an der Bergstraße sind im Jahre 1766 an zween Orten Römische Alterthümer unter der Erde entdeckt worden, erstlich im Frühjahre ein so genanntes viereckigtes Columbarium oder Begräbniß mit den Fundamenten eines dazu gehörigen Sacelli und Cönaculi. Auf dem Plaze stehet jezo eine auf höchsten Befehl verfertigte steinerne Säule von Toskanischer Ordnung mit einer Lateinischen Aufschrift. Zweitens im Spatjahre die Fundamenten und Ueberbleibsel Römischer Bäder, davon Se. Kurfürstl. Durchlaucht einen Theil mit einem dauerhaften Gebäude einfassen und be-

bedecken laſſen. Ueber der Thüre dieſes Gebäu=
des befindet ſich jezt eine Lateiniſche Inſchrift.
Eine umſtändlichere Beſchreibung beider Alter=
thümer findet ſich in den akademiſchen Abhand=
lungen.

Bei Seckenheim ſtehet auf der Wahlſtatt
des von Kurfürſt Friedrich I im Jahre 1462 er=
fochtenen herrlichen Sieges ein ſteinernes Kru=
cifix mit einer zum Angedenken dieſer für die
Pfalz ſo wichtigen Begebenheit verfaßten Alt=
deutſchen Inſchrift. Se. jezt regierende Kur=
fürſtl. Durchlaucht haben ſolches, da es ſehr
baufällig ward, vor einigen Jahren wieder er=
neuern laſſen.

Granit = Säule. In dem Bezirke des
Oberamtes Lindenfels im Odenwalde, auf
dem ſo genannten Felsberge liegt eine Säule
von Kornſtein (Granit), welche in dortiger
Gegend unter dem Namen der Rieſenſäule be=
kannt iſt. Dieſe Säule hat 33 Schuh in der
Höhe, und 4 ein halben Schuh im Durchmeſ=
ſer. Sie iſt von einem Stücke, und liegt noch
auf demſelbigen Plaz, wo ſie ausgehauen wor=
den iſt. Der Fuß, auf welchem die Säule
hat aufgeſtellet werden ſollen, iſt in einiger
Entfernung von der Säule in dem nämlichen
Felſen ausgehauen, aber unvollkommen. Er
hat 14 Schuh im Umfange, und wird gemei=
niglich der Rieſenaltar genennet. Dieſes Al=
terthum iſt um ſo viel merkwürdiger, als man
dergleichen Säulen bisher in den Egyptiſchen,
nicht aber in den Deutſchen Gebirgen geſucht
hat. Es ſcheinet, daß die Römer ein ſo an=
ſehnliches Werk nicht vor jenem Zeitpunkte hat=
ten zu Ende bringen können, als die vereinig=
ten Deutſchen Völker ſie über den Rhein zurück

getrieben, und ihnen den Weg in das Deutsche Gebiet verschlossen haben.

Der so genannte Saal zu Nieder-Ingelheim ist das Ueberbleibsel eines ehemaligen berühmten Kaiserlichen Pallastes, welchen Karl der Große um das Jahr 770 erbauet hat. Es sind annoch große Mauern und etliche Säulen davon übrig. Kaiser Karl IV hat hernach eine Stiftskirche für Böhmische Chorherren daselbst erbauet, wovon das Gebäud auch noch zu sehen ist. Eine weitläuftigere Beschreibung von allem diesem findet sich in dem ersten Bande der Kurfürstlichen Akademie der Wissenschaften Seite 300 u. f.

Dossenheim.

Ankorische Ziegenheerde. Diese Heerde gehört Sr. Kurfürstlichen Durchlaucht, und ist zu Dossenheim an der Bergstraße. Im Jahre 1763 kamen zwei Böcke und fünf Ziegen dahin, welche durch die gute Sorgfalt sich nun bis über 80 Stück vermehret haben. Ihre Haare haben den schönsten Seidenglanz, und in den Morgenländern werden die prächtigsten Stoffe davon verfertigt. In Europa sind diese Haare unter dem Namen **Kamelhaare** bekannt, und dienen zum Hauptfaden der schönen Brüßler Kameloten.

Käferthal.

Rhabarbera-Pflanzung. Sie ist zu Käferthal, und wurde den 11. Mai im Jahre 1769 von einer Gesellschaft fremder Kaufleuten und Gärtner angeleget, denen solche eigen-

thümlich zugehöret. Der Garten ist zwanzig Morgen groß mit Planken umgeben, und stößt auf das ehemalige Jagdhaus, so Se. Kurfürstl. Durchlaucht der Gesellschaft unentgeldlich zur Wohnung einraumen lassen. Hier wird vorzüglich die handförmige Rhabarbera, die ächte Sorte, die erst im Jahre 1759 durch die Anstalten des ehemaligen Rußischen Leibarztes, Herrn Condoidi, bekannt geworden, angebauet, auch findet man hier die krausblätterichte Rhabarbera, die dichte und die Rhapontik.

Verzeichniß
aller
herin enthaltener Merkwürdigkeiten.

Mannheim.

Die Stadt	S. 1
Kurfürstliches Schloß	3
Schloßkapelle	ebend.
Hofkirche	5
Opernsaal	6

I) Wissenschaften.

Akademie der Wissenschaften	6
Deutsche gelehrte Gesellschaft	7
	Biblio-

Bibliothek 8
Antiquitäten-Kabinet 9
Das Kabinet der Naturlehre 10
Das Kabinet der natürlichen Seltenheiten 11
Botanischer Garten ebend.
Sternwarte 12

II) Schöne Künste.

Sammlung von Gemälden 14
Das Kupferstich- und Zeichnungs-Kabinet 33
Die Schazkammer 34
Saal der Statuen ebend.
Deutsche National-Schaubühne, siehe unten.
Liebhaber-Concert, siehe unten.

III) Oeffentliche Vorlesungen.

Hauptkriegsschule 36
Militarisches anatomisches Theater ebend.
Chirurgisches Collegium 38
Hebammen-Schule 39
Krankenwärter-Schule 41
Patriotische Krankenkasse ebend.
Akademie der Zeichnung und der Bildhauer-
kunst 42

IV) Merkwürdige Gebäude.

Zeughaus 43
Deutsches Schauspielhaus 49
Deutsche National-Schaubühne 53
Liebhaber-Concert 56
Kurfürstliche Lotterie ebend.
Stückgieserei und Bohrhaus 57
Münzstätte ebend.
Zucht- und Waisenhaus 58

Heidelberg.

Die Stadt	59
Universität mit ihren Kabinettern	60
Staatswirthschafts Hohe Schule mit ihren Kabinettern	61
Physikalisch-ökonomische Gesellschaft	63
Begräbnißgruft des Hochsel. Prinzen Friedrichs	64
Schloß und Garten	65
Fabriken	66 u. f.

Frankenthal.

Die Stadt	67
Fabriken	68 u. f.

Schwezingen.

Kurfürstliche Sommer-Residenz	71
Lustgarten	72

Ogersheim.

Lustschloß	77
Schloßgarten	78

Lautern.

Siamois-Manufaktur	79

Merkwürdige Alterthümer.

Das Columbarium bei Schriesheim	79
Das Siegeszeichen bei Seckenheim	80
Die Granitsäule im Oberamt Lindenfeld	ebend.
Der Kaiserl. Pallast zu Nieder-Ingelheim	81

Dossenheim.

Ankorische Ziegenheerde	81

Käferthal.

Rhabarbera-Pflanzung	81